# あと一歩！逃し続けた甲子園

47都道府県の悲願校・涙の物語

田澤健一郎

KADOKAWA

はじめに

# 悲願校の悔しさを知られていないのが私の悔しさ

「悲願校」と言われても「?」と思う人がほとんどだろう。

これは私がつくった造語である。

かんたんに説明すれば、高校野球の世界で「甲子園出場の一歩手前で何度も敗退」、「秋春は強いのに甲子園がかかる夏になると弱い」「都道府県内では実績のある高校なのに、なぜか甲子園と縁がない」といった甲子園未出場校のこと。つまり「甲子園出場が悲願」となっている高校を「悲願校」と名付けたのだ。

私は野球に興味を持ち始めた子どもの頃から、新聞で夏の甲子園の地方大会の結果を見るのが好きだった。甲子園常連校の勝ち上がりが気になって見始めたのだが、行ったことがない遠い場所の、聞き慣れない名前の高校の結果を目にするのも楽しかった。「どんな土地で、どんな野球をしているチームなんだろう」といった具合に、一種の好奇心を刺激してくれたのだ。

やがて毎年、結果を眺めていくうちに、都道府県ごと、甲子園常連校だけではなく頻繁に上位進出する高校の名前も覚えるようになった。すると「この高校、また準決勝で負けている」「今年も甲子園へ行けなかったか」と、甲子園未出場で、全国的には知られていないが、各都道府県ではおそらく実力校と認知されている高校が気になるようになり、いつしか「今年こそ甲子園に行けよ！」「また負けてしまったか……」などと強く感情移入するようになった。縁もゆかりもなく、実際に見たこともないのに。

その感情移入は、自分が実際に選手として野球に取り組み、さらに編集者・ライターとして野球の仕事をするようになるにつれ、いっそう強くなっていった。

いくら各都道府県では結果を残していて実力校と知られていても、甲子園未出場である限り、一部のマニアを除けば、野球ファンの間でも全国的な知名度は上がらない。あんなに頑張っているのに、あんなに悔しい思いを何度もしているのに、あんなにいい野球をしているのに、世間的にはあまり知られることはないんだな……と。

それが世の中の現実、だからこそ結果が大事といってしまえばそこまでの話だが、私は悔しかった。もっとそういった高校の存在を野球ファンにも知ってほしかった。全国には甲子園出場経験がなくても、好チームがあることを。実力があっても悲運に泣いてきた高校があることを。

甲子園で敗戦に涙するチームのシーンはおなじみだが、そのチームはまだ恵まれている。甲子園の土を踏めたのだから。それよりも甲子園を目前に地方大会の決勝や準決勝で敗退したチームの方が悔しさは数倍だろう。そんな経験を何度もくり返しているのが「悲願校」なのだ。

勝者は讃えるべき存在であり、たくさんの物語があるのはたしかだ。だが、同じように敗者にもたくさんの物語があるのがスポーツの世界。その意味で、「悲願校」にもたくさんのエピソードがある。本書によってそれを、甲子園出場校や有名なスター選手だけではない、高校野球の世界を、少しでも知ってもらえたらうれしい。

もくじ

Contents

# もくじ



## こんな「くくり」の甲子園大会が見てみたい！

Contents

# 一、悲願校とは何か

悲願校タイプ［その1］

# 甲子園に出られそうで出られない。そんな「一歩手前校」には2種類ある？

「悲願校」。

「はじめに」で説明した通り、高校野球の世界で「都道府県内では実績のある高校なのに、なぜか甲子園と縁がない」という甲子園未出場校のことを私が勝手に命名したのだが、そのタイプはいくつかある。ここでは、どんな高校が悲願校なのかを説明していきたい。

その前に、本書で取り上げる悲願校は「春夏通じて甲子園出場がない高校」が対象である。春と夏、どちらか一度でも甲子園出場があれば、悲願校は「卒業」となる。理由は、一度でも甲子園に出場した高校と、一度も出場していない高校の差は、その喜びや経験値が限りなく大きいと考えたためだ。強豪校を中心に「全国優勝しなければ準優勝も地方大会初戦敗退も同じ」という価値観があることも理解しているが、現実的には甲子園出場経験の有無は大きい。そこは大前提として理解してもらえると幸いである。

それではタイプ別悲願校の解説に入ろう。

まず、「甲子園出場の一歩手前で何度も敗退」してしまう高校。

これはその言葉どおりで、わかりやすいタイプの悲願校だ。さらに、そのタイプは、春夏それぞれにおける、甲子園出場へのプロセス（P021で詳しく解説）を踏まえて、次の2つに大きく分けられる。

1　夏の地方大会の決勝戦で何度も敗退した高校
2　秋季大会で各地区の一般枠出場ほぼ確定寸前で敗退

夏の甲子園、正式名称「全国高等学校野球選手権大会」の本大会は、実質的な予選である「地方大会」という名の各都道府県大会の優勝チームが出場する。前者は非常にわかりやすく、その地方大会の決勝、すなわち「あと1勝で甲子園」というところで何度も敗退してしまった高校だ。ただ、ハードな夏の大会、心情的に準決勝敗退も「甲子園出場の一歩手前で敗退」に入れることが多い。

後者は春の選抜(通称「センバツ」)、正式名称「選抜高等学校野球大会」の出場経緯が対象。選抜出場の重要な選出基準、参考資料となる秋季大会で甲子園出場が決定的になる寸前で敗退した高校。ちなみに、選抜の出場校選考はサプライズもあるだけに、例年なら確定圏内なのに落選、というケースもある。そういった高校は、当然ながら「悲願度」は増す。

また、選抜は出場校決定から大会まで時間があり、出場校が何らかの理由で出場を辞退するケースもあるため、各地区で「補欠校」も選出される。これもまた「甲子園出場の一歩手前で敗退」の証し、いや、選抜における明らかな「甲子園出場の一歩手前で敗退」した高校ともいえよう。

さらに21世紀枠は、まず各都道府県から同枠への推薦校(候補校)が1校選ばれ、そこから各地区内でさらに絞って推薦校を1校選出。その各地区推薦校から選ばれる。よって、各地区の推薦校までは残りながら21世紀枠には選出されなかった高校も、センバツならではの「甲子園の一歩手前で敗退」した高校といえる。

このような経験を何度もしていれば、選手や関係者にとって甲子園はまさに「悲願」。悔しさは、ある意味、1回戦負けよりも大きいのではないだろうか。

悲願校タイプ［その2］

# 秋や春の県大会は無類の強さを発揮。しかし、なぜか夏は勝てない「悲願校」

次に「秋と春は強いのに甲子園がかかる夏になると弱い」というタイプ。

高校球界において全国共通の主要な公式戦は、夏の甲子園とそれにつながる地方大会、そして、選抜につながる秋季大会。さらには、シーズン始めの春季大会の3つである。つまり、春季大会は秋や夏と違って、勝ち進んでも都道府県大会の先にあるのは地区大会まで。最後まで勝ち残っても、全国大会＝甲子園はないのだ。

一部の都道府県では春季大会の結果で夏の地方大会のシード校が決まるケースもあるが、それもあくまでシード決めだけ。甲子園に直結するわけではない。

また、センバツにつながる秋季大会も、前述したとおり、都道府県大会で優勝しても、それがそのまま甲子園出場を意味するわけではない（北海道と東京を除く）。甲子園出場を決定的なものにするには、基本的にその先にある地区大会で一定の成績を残すことが求められる。一般枠の数が多い近畿などは地区大会初戦敗退でもセンバツ出場校に選ばれるケースもあるが、それも、初戦で優勝チームに大健闘したり、勝ち上がったチームよりも能力的には圧倒的に凌駕する、と評価された場合。単純に県大会では優勝しているから、という結果のみで選出されることはまずない。

以上のように、シンプルに「都道府県大会（地方大会）を最後まで勝ち抜けば甲子園」というのは、基本的に夏の甲子園のみ。

つまり「秋春は強いのに甲子園がかかる夏になると弱い」悲願校とは、都道府県の秋季大会や春季大会には強いのに、甲子園に直結する夏の地方大会になると、なぜか成績がふるわないというタイプの悲願校である。

逆に、秋や春は序盤で負けたり、強そうに見えないのに、夏になると俄然、上位進出してときには甲子園も決めてしまう「夏将軍」的な高校も全国各地に存在する。

この「夏将軍」と呼ばれるような、「秋や春は眠っているのに夏は強い」傾向は、甲子園出場経験の豊富な伝統ある強豪校に見られることが多い。もちろん、そういった高校は、年によっては秋や春も好成績を残し、夏も優勝候補筆頭になったりする。ただ、「戦力的に厳しい」といわれる年でも、夏になるとスルスルッと勝ち上がって甲子園出場をつかむことが少なくないのだ。

逆に「秋春は強いのに甲子園がかかる夏になると弱い」という傾向が当てはまる高校の多くは甲子園未出場校であり、それが積み重なると悲願校になっていく。

一言でいえば経験の差であり、伝統ある強豪校には甲子園出場経験という名の財産が、指導者や選手、あるいはチームに残っているのだろう。

つまり、甲子園出場がかかる夏の地方大会の勝ち抜き方のノウハウや引き出しが豊富であり、戦力的に厳しくても夏にはキッチリとチーム状態を上向きに仕上げてくる。大会中もコンディション調整やメンタルのコントロールに長けており、能力的に低くてもトーナメントを勝ち上がっていってしまう。

逆に甲子園経験がない「秋春は強いのに甲子園がかかる夏になると弱い」高校は、いくら戦力的に優れていても、準備や試合運び、選手のメンタル面で劣ってしまい、秋や春のように実力を勝利に結びつけられない。結果、夏も序盤で敗退したり、上位進出しても最後の最後で勝ちきれない。こうした状況をいつまでも打破できないと、悲願校になってしまうわけだ。

悲願校タイプ［その3］

# 「地方初」から「市初」に「藩初」まで。地域の歴史を背負って戦う悲願校

前述した2つのタイプが典型的な悲願校だが、それ以外の悲願校もある。「地域性」という視点から生まれる悲願校だ。

高校野球は、日本各地の「地域主義」の象徴となり得る存在である。甲子園出場校が「おらが故郷の代表」的な「感触」で表現されるのはよくあること。高校野球が、同じアマチュア野球である大学野球や社会人野球、あるいはプロ野球と同じスポーツでありながら、あきらかに異なる人気を持つ（たとえば「プロ野球は見ないけど甲子園は見る」と話す高校野球ファンがいるなど）背景はいろいろあるが、その理由のひとつはここにある。

ウチの親戚のあの子が、近所で遊んでいたあの子が、子どもの同級生、先輩や後輩の息子が、「地域の高校」というチームの一員となり、甲子園で故郷の名誉を背負って戦う姿が、

テレビの全国放送に映る。そして、その姿に興奮する。

日本の高校進学率は１９７４年に90％を超え、現在は97％を超えている。ほぼすべての中学生が高校に進学しているといっても過言ではない。これは、現在の日本国民にほぼすべて「縁のある高校」が存在している証しでもある。多くの人に「母校」があるのはもちろん、自身が中学卒であったり、野球部のない高校の出身だとしても、子どもや孫や親戚が通った高校は存在するわけだ。つまり、今の日本人には、実際に応援するかどうかは別にして「関わりのある高校」が必ずある。そんな「身近さ」「親近感」が大学野球や社会人野球、プロ野球とは異なる高校野球の強みである。

これに故郷愛や望郷の念が相まって、高校野球への関心、応援の熱につながる。甲子園出場校の「地元出身選手の割合」、別の言い方をすれば「野球留学」の問題がチーム人気を左右したり、揶揄の対象になりがちなのも、高校野球の背景に地域主義が潜んでいるがゆえ。あくまで私見だが、高校野球を観察していると、マニア的な野球ファン（「高校野球ファン」ではない！）ほど、野球留学に寛容であり、ふだんは野球を見ないが甲子園はテレビで見るといった層が野球留学に厳しい傾向を感じる。これも、高校野球が地域主義を象徴することと無関係ではないだろう。地域主義を背景にした人気の過熱ぶりが、高校野球の歪みにつながることもあるが、人気や魅力の一因でもあるのは疑いようのない事実である。

以上のような状況があるため、それまで甲子園出場校を出していない地域から初出場校が生まれると、その地域は大騒ぎとなる。また、選手やチームにとっても、そんな「地域の期待」がよいモチベーションになることもある。その「期待」に応えられない期間が長くなると、いよいよ「悲願」になっていく。「地域性」を背景にした悲願校は、こうした期待を背負った高校のこと。まだ甲子園出場校を出していない地域や市町村などの行政区から甲子園初出場を目指している高校である。

「地域性」という要素が強い悲願校は、先に紹介したタイプの悲願校に比べ、チーム力や実績が劣るケースもある。しかしそこには、成績だけでは計れない、チームや選手、関係者、地域の人々の熱い願いが込められていることも多い。地域性を背景にした悲願校には、単純な「地域初」にとどまらない「それまで野球では劣勢だった地域で常に悔しい思いをしてきた」といった長年のストーリーもあるからだ。少々大げさだが、地域によっては「同じ県内だが、向こうはもともと我々〇〇藩とは違う××藩」などといった地域間のライバル感情、歴史的背景が絡んでくることもある。

悲願校にとって「地域性」は、野球の実力、実績と同じくらい大事な要素なのだ。

悲願校タイプ［その4］

# 悲願校の数だけ物語がある！
# 成績だけで決められない理由

ほかにも、細かなタイプ分けや、高校および各地区独自の悲願を背負っているケースもある。

たとえば「公立」と「私立」。前述の地域性とも関連してくるが、「○○地域の公立校としては初」といった悲願だ。後述するが全国には私立校が1校も甲子園に出たことがない地区もある（P042）。学校単位ならば、「同じ系列の大学付属校で唯一甲子園出場がない」（P034）、「県内に5つある旧制中学ルーツの高校で唯一、甲子園出場がない」などども悲願の一種だ。

あるいは、複数校で長年にわたり、指導力を発揮。赴任する高校を次々と有力校に育てたり、プロ野球選手を複数輩出しつつも甲子園出場経験はいまだなし、という監督が指揮する高校を、チームの現状もある程度見合えば悲願校と見ることもある。これは、学校よりも人がクローズアップされるケース。教員の監督が多く、異動のある公立校を中心にたまに見られ、中には公立・私立を渡り歩いている「悲願」監督も存在する。

「悲願校」といっても内情はさまざま。チーム成績だけが背景や理由になるわけではない。「悲願校」の選出では、過去や近年の成績だけで選ぶわけではなく、地域性や学校の事情など、いろいろな要素を加味して選出するケースも多い。チーム成績だけでは劣る高校であっても、述べてきた理由を背景に各地区一番の悲願校と判断することもあるのだ。

こうした「理由」は、言い方を変えると各高校が持つストーリー、ドラマでもある。それは、甲子園出場校、常連強豪校とはまた違った、悲願校独自の魅力であり、私はそこに惹かれたともいえる。

もちろん地域と学校の悲願を背負い、かつ「甲子園出場の一歩手前で何度も敗退」「秋春は強いのに甲子園がかかる夏になると弱い」といった実績もある高校となればドラマの宝庫、超絶スペシャルな悲願校となる。

ゆえに、本書で紹介する悲願校は、私の「独断」で決めている側面もたしかにある。ただ、そこには、相応の理由があることを理解してもらえると幸いである。

# 甲子園出場までのプロセスも悲願校の妙味。夏の「選手権」トーナメントと違う、春の「選抜」に関するあいまいさ

ここまで悲願校の主要タイプを解説してきたが、「悲願校化」の過程に大きな影響を与えるのが、甲子園出場までのプロセス。最後にあらためて、そこをまとめよう。

ご存じのとおり、高校野球の世界には甲子園出場のチャンスは春夏合計2回ある。春は正式名称「選抜高等学校野球大会」、いわゆる「選抜（センバツ）」である。夏は「全国高等学校野球選手権大会」、一般的に「夏の甲子園」とよく呼ばれる大会だ。選手や関係者は、高校野球の総決算的な大会で、全国優勝まで一度の負けも許されない（大会システムなどについては後述）夏の甲子園をメインにとらえているケースが多い。

夏の甲子園は、まず都道府県を基準に全国を49地区に分け（記念大会では地区が増加される）、そ

れぞれの地区でトーナメントを行う。いわゆる「地方大会」と呼ばれる大会で、俗に「甲子園予選」とも呼ばれる。地方大会はトーナメント戦、現在は原則として敗者復活などはない一発勝負。その地方大会を勝ち抜いた優勝校が各地区の代表として甲子園に集結。本大会として再びトーナメント戦を行い、優勝校を決める。もちろん敗者復活などはなく、最後まで負けなかった1校が全国優勝に輝く。つまり、すべてが絶対に負けられない試合。それがリーグ戦のプロ野球などと違い、一戦にかける思いや悲喜劇のドラマを色濃くさせる魅力である一方、投手の酷使など問題発生の源にもなっている。

選抜は、その名のとおり「全国から選ばれた高校」による全国大会。出場校の選考は毎年1月下旬に行われるが、選考基準と参考資料になるのが前年秋の成績。夏の選手権で引退した3年生を除く1、2年生の新チームによって争われる各都道府県の秋季大会と、そこを勝ち抜いた高校で争われる北海道・東北・関東・東京・東海・北信越・近畿・中国・四国・九州の、各10の地区大会の成績である。選考委員会では、この10地区それぞれに割り振られた枠数に従って各地区の出場校を選出、合計28校を選ぶ。それが一般枠と呼ばれる出場校だ。そこにプラスして秋の各地区大会優勝チームが覇を争う明治神宮大会優勝校が所属する地区に与えられる出場枠「明治神宮大会枠」（通称「神宮枠」「神宮大会枠」など）で1校選出。さらに各地区が1校推薦する「21世紀枠」の候補校から3校選出する。「21世紀枠」は、部員不足や環境面のハンデといった困難を克服したり、ボランティア活動を行うなど、ほかの高校の模範となるような活動が評価された高校が対象だ。

以上、合計32校（記念大会を除く）がトーナメントで優勝を目指す。よって、1つの県から複数校が出場するケースもあれば、出場校ナシの県も出てくる。

また、夏の甲子園と違い、選抜出場校の選考基準や参考資料となる秋季大会では負けも許される。秋季大会のレギュレーションは各都道府県で異なり、都道府県によっては敗者復活戦を設けているからだ。秋季大会初戦で敗れても、そこから這い上がって選抜出場というケースもあり得るのである。そもそも一般枠は北海道と東京を除けば、各地区から複数校を選ぶので（ただし、東京の一般枠は関東と合わせて6校なので2校選出のケースもある）、結果的に選抜出場校の多くは、秋季大会で一度は敗戦しているわけだ。

こうしたシステムゆえに選抜の出場校選考は、何かしらのサプライズも起こりうる。それによって、選ばれる方からすると不満が出るときもある。

一応、各地区に傾向ともいうべきボンヤリとした基準はある。たとえば一般枠が2校の東北であれば東北大会で決勝進出すれば、一般枠が4校の九州ならば九州大会でベスト4

入りすれば、選出はほぼ確定、といったものだ。しかし、秋季大会はあくまで出場校選出の参考資料。選抜の予選ではない。よって、地区大会で優勝校に大敗した準優勝校よりも、準決勝で優勝校に接戦の末に敗れた高校が選出されることもある。準優勝校が不満に思うのは自然な感情だろう。さらに、地域性が考慮されるケースもある。たとえば地区大会の決勝戦が同一県の代表校同士の対戦となった場合など、敗戦校が涙をのみ、準決勝で敗れた他県2校のうち実力が上と判断されたチームが選ばれる、といったケースだ。

このようなシステムのため、出場校決定のあとに、選考基準に疑問が投げかけられたりする。たしかに現状の選考方法では、全員が100%納得する選出などあり得ないだろう。ゆえに「ハッキリと秋季大会を選抜の予選にしてはどうか」という意見も出る。

ただ、そうすると夏の甲子園とほぼ同じシステムになってしまう。あくまでも現在の選抜は「勝敗だけにこだわらず、多角的に出場校を選ぶ」のが特性でありアイデンティティ。ファンの身になってみても、「チームの優勝は難しいが甲子園でプレーを見たい選手」もいるだろう。選抜は、そういったチームや選手を甲子園で見られる楽しみがあるという点で、夏の甲子園と異なる意義はある。そのため、選考にどうしても疑問が出るのは、現状、いたし方ないと納得するべきだろう。

# 二、学校別・悔しい歴史 さまざまな18校

## 出れば即「最北出場校」記録更新。北海道唯一の甲子園未到の地、名寄支部の雄【稚内大谷】

札幌からクルマでも電車でも約5時間。同じ北海道にありながら、新幹線で東京〜新大阪間の2倍の時間を要する。日本最北端、稚内とはそういう地にある街だ。稚内駅を降りると、目の前は稚内港。かつて大勢の人々が樺太（サハリン）に行き来するために、この港から連絡船に乗り込んだ。今も港から海を眺めれば、宗谷岬の方角に見えるのは樺太の姿。市内の道路標識には日本語と英語の表記のほかロシア語表記が並ぶ。国境――ここが日本の最果てであることを強く意識させられる街。そして、北海道、いや日本でも有数の「悲願校」が初の甲子園を目指して白球を追っている街。

高校は稚内大谷という、1963年創立の私立校である。

もともと女子校として誕生した稚内大谷の野球部は、学校の共学化に伴い1969年に創部された。北海道の高校野球界は、支部と呼ばれる10の地区に分かれる。行政区では宗谷管区の稚内大谷だが、属している支部は名寄。夏の49地区では北北海道大会を戦う。

名寄支部は、現在、北海道で唯一、甲子園出場校を出していない地区だ。支部内、どの高校が出場しても、その時点で日本最北端出場記録を更新する。稚内大谷は、その期待を一身に背負う存在である。それも、40年も前から。

稚内を含む宗谷管内は、もともと野球が盛んな地域である。北の海に面した港町。千葉の銚子など、野球に沸く港町は多いが、稚内もまたしかり。漁を終え、港に還ってくれば野球に興じる海の男たち。一時、管内の軟式野球チームは、100を超えていたという。

そんな土地柄の子どもたちが集う野球部は、グングン頭角を現す。夏の北北海道大会で8強以上は10回を超え、名寄支部内では、まさに無敵。その言葉は誇張ではなく、1991年春から1999年秋には名寄支部予選で100連勝を記録。1980年代から1990年代にかけては優勝候補筆頭になったこともあり、1989年春には全道大会も制した。

稚内大谷がもっとも甲子園に近づいたのは、1980、1981、1993年。いずれも夏の北北海道大会で決勝に進出したときだ。「夏に3度の決勝敗退」は他県でもある話だが、稚内大谷の悲運は、3度の準優勝が、すべてサヨナラ負けだったことだ。

まず1980年は、現役時代、「オホーツクの鉄腕」と称された貝森好文監督がチームを率い、旭川大高と激突した。稚内大谷は2点を先制されるも8回に追いつく。しかし、9回裏にサヨナラ打を浴び、1点差で敗戦。稚内大谷は7回以外の全イニングで走者を出したが、あと一本が出なかった。初の決勝で緊張もあったのだろう。サヨナラ打を浴びたエース・手塚光行も、尻上がりに調子を上げていたにもかかわらず、9回裏になると突如、制球を乱した。「あまり、あせったりしないクチなんですが、9回裏は何かこう……落ち着かなかった」（北海道新聞・昭和55年7月22日号）とは手塚の試合後のコメントである。

続く1981年の相手は帯広工。前年同様、先に2点を失うが、3回表に1点、7回表に1点を挙げて同点に追いつき、試合は延長戦へ。迎えた11回裏、稚内大谷は一死満塁のピンチを迎える。ここで帯広工がスクイズを仕掛けるも、稚内大谷バッテリーは見抜いて投手がウエスト。スタートを切っていた三塁走者を三本間で挟みピンチ脱出かと思われたが、なんとキャッチャーが、アウトを免れようと膨らんだ走者にタッチをしたはずみで落球。アウトだと立ち止まった走者が慌ててホームインし、サヨナラ負けとなった。「3フィートオーバーではないか」「落球はタッチ後ではないか」と確認が行われたが、結局、主審の判定は変わらず。まさに地獄から天国、そしてまた地獄。

三度目の正直で臨んだ1993年夏は、伸び盛りの2年生投手・大林信夫と捕手で一番を打った宇佐美康広（元・ヤクルト）のバッテリーが牽引しての決勝進出。相手は1980年に苦汁をなめさせられた旭川大高だった。ゲームは両軍ゼロ行進で進んだが8回表に稚内大谷が1点を先制。1対0とリードしたまま9回裏を迎える。ここを抑えれば、ついに初の甲子園。走者を二塁まで進めたものの2死と旭川大高を追い込む。あと1人、あと1人抑えれば甲子園。そして、相手打者の打球がゴロとなってセカンドに飛ぶ。ついに悲願達成かと思われた瞬間、その歓喜は無情にも悲鳴に変わる。セカンドがゴロを弾いてしまったのだ。さらには焦ってサードへと送球したボールが逸れて二塁走者が一気に生還。試合はまさかの振り出しに。稚内大谷にとって、悪夢としか表現できない同点劇。

それでも稚内大谷は気を引き締め直し、後続を断って試合は延長戦へ。だが10回裏、1死から出した走者を二塁に進められた後、相手打者が放ったショートゴロが内野安打となって二塁走者がホームイン。決勝三度目のサヨナラ負けを喫してしまった。

あと少しと近づくたびに、あざ笑うかのように目の前からフッと消え失せる甲子園。これならば、まだ大差で敗戦したほうがスッキリと諦めもつくだろう、というような敗戦。

その後、稚内大谷に夏の北北海道大会決勝進出はない。2000年代に入ると名寄支部予選で敗退もするなど、以前のような強さには陰りが差している。ただ、野球部自体の活動が衰退したり熱が下がったわけではない。全国の地方に迫る過疎化、少子化の波は稚内にも訪れた。子どもの数が減少し、稚内大谷も一時期、生徒数自体が定員を割る状態に。「今も昔も選手はほぼ、宗谷管内の出身です。ただ、昔は子どもの数も多く、大勢の野球人口の中から競争を勝ち抜いてきた選手たちが中心でしたから」と語るのは、現在、稚内大谷を率いる本間敬三監督だ。野球どころの手練れの選手たちが集結した時代から、入部してくれた選手たち全員を鍛え、甲子園を狙えるチームに育てる時代への変化。当然、年によって戦力にはバラつきも出る。それでも、2016年秋、2017年春と連続して全道ベスト4。秋に関してはあと2勝で甲子園がほぼ確定だった。

本間監督は1986年生まれで札幌市出身。東海大四（現・東海大札幌）OBで、控えながら2001年春に甲子園も経験した。札幌大卒業後、民間企業勤務を経て、父が稚内出身ということに加え、知人の縁もあって稚内大谷の教員に。野球部では部長などを務め、2014年から監督に就いている。監督としては若手といっていい。2016年秋の準決勝は、その若さゆえか「勝ちたい、勝ちたい」と力が入ってしまった。

久しぶりの上位進出。視界の先に見え始めた甲子園。名寄支部、宗谷管内、稚内市内から初の甲子園、悔しい思いをしたOBたちの思い。学校としては久しぶりの上位進出だが、本間監督としては初の上位での戦い。「力むな」は、言うは易し、行うは難し。

本間監督は今、この経験も踏まえ、指導方法を変え始めている。2018年のオフは、実戦練習が本格化する時期まで練習内容を指示しないことにした。選手たちが自身で課題を見つけ、練習を考案し、実行する。本間監督は、ただそれを見守り、直接的な指導は、求められればアドバイスをする程度。このプロセスで選手が成功体験を積み重ねられれば、自信につながるのではないか、と考えた。監督が「勝ちたい」と力まなくても、いわば何もしなくても、選手たちが自信を持って、落ち着いてプレーできるようになれば、より強くなれるのではないか、と考えた末の決断である。

「いろいろ言いたくなるときもあります。まだ慣れませんね(笑)。ただ、このやり方が成功すれば、選手たちはより野球が楽しいという気持ちになれるはず。甲子園は、そんなチームを迎え入れてくれる気がするんです」

「ずっと観察していると、〝あの選手、こんなこともできるのか〟なんて、意外な発見もありますよ」と語る本間監督の取り組みの成果が楽しみである。

となると、むしろ心配なのは、少子化が進む地域の問題。大げさにいえば学校存続の心配だ。ただ、今のところ、稚内大谷はそこまでシビアな状況には追い込まれていない。

北海道で進む高校再編の過程で、稚内市にあった稚内と稚内商工という2つの道立高校のうち稚内商工が閉校。もともと宗谷管内で唯一の私立校だった稚内大谷だが、今は市内の貴重な高校2校のうちの1校となった。それもあってか、最近は生徒数の定員割れは起こしていない。さらに、市内に実業系の高校がなくなったことを受け、商業系から工業系、以前から取り組む介護系と、種々の資格取得にも熱心に取り組んでいる。地域のニーズに合わせて教育内容をカスタマイズする。それは公立よりも意思決定がしやすい私立の方が迅速に進められるのかもしれない。稚内大谷は、市民の大切な教育機関として、存在価値が高まっている。感覚的には、私立というよりも、地域に密着した公立のような印象だ。

また、現在の山下優校長は野球部の元監督。過去の決勝敗退を肌で知る人である。スポーツに打ち込みたい地域の生徒のためという意義も含め、部活動への理解は深い。

とはいえ、最後は野球の試合で選手たちが勝ち上がる必要がある。その点でハンデが多いのはたしかだ。同じ市内の稚内を除くと、最も近い練習試合の相手までクルマで1時間半。支部予選も会場によっては泊まりになる。強化のためレベルの高い相手と腕試しはしたいが、かかる時間と金は膨大。なんといっても東京や大阪より、ロシアが近い街なのだ。

私は少し意地悪な気持ちで、私立なんだから全国から選手をスカウトしてきて甲子園を狙うこともできるのでは？ と、本間監督に訊ねてみた。

「たしかにそういう方法もあります。しかし、今のところ学校の生徒数も、少子化で余裕はありませんが、まだ危機的状況までは追い込まれていませんし、何よりこれまでの歴史を考えれば、できる限り、宗谷の子たちで甲子園に行きたいんです。街も絶対に盛り上がりますしね」

野球が盛んなこの街には、稚内大谷の悲運を経験した人間、知る人間が大勢おり、その魂は、現在の選手にも引き継がれている。実際、親子2代で稚内大谷野球部員という選手も少なくない。そんな地域の願いを、本間監督はじゅうぶん理解している。

レベルが上がり続ける高校球界の中で、純といえば純な願いかもしれない。

だが、稚内大谷と宗谷管区、名寄支部という地域が高校球界で歩んできた悔しい歴史を知れば、それを甘いと簡単に一蹴することはできない。

最果ての国境の街から甲子園へ。それだけでもロマン溢れる話だが、稚内大谷には、さらに積み重ねてきた「夏の決勝で3度サヨナラ負け」という悲願の歴史がある。

聖地を踏む日が来たとき、この街の人々が流す涙は、計り知れない量となるだろう。

# 全国の東海大系列13校の中で唯一の甲子園未出場校、【東海大高輪台】の夢はいつ叶う？

「日大」と「東海大」は、いずれも日本のマンモス私大だが、高校野球ファンにとっては、大学以上になじみのある響きだ。付属校や準付属校、提携校など、校名に「日大」「東海大」の名が付く高校は、甲子園常連校が多いのだから。

ちなみに2018年夏の甲子園出場校のうち、「日大」の関係校は3校、「東海大」の関係校は1校。2000年以降の18年間、夏の甲子園で両校の関係校が1校も甲子園に出場しなかったのは2016年夏の1度だけだ。これだけ甲子園に定着している「日大」「東海大」の関係校だが、それでもまだ、甲子園未到の関係校もある。

「日大」のほうであれば岩瀬日大（茨城）、千葉日大一（千葉）、日大習志野（千葉）、日大高（神奈川）と、複数存在している。「東海大」に比べると、関係校が多いので、なかなか「野球部のある全関係校の甲子園出場」は達成できるものではない。ちなみに、2019年度は日出（東東京）が日大の準付属校となり、目黒日大となる予定である。

一方、「東海大」は野球部のある関係校は全国に13校。うち12校は甲子園出場経験がある……逆に言うと甲子園未経験の関係校は1校しかないという「逆・最後の砦」状態になっている。その1校は、東海大高輪台（東東京）。おせっかいかもしれないが、なんとも肩身が狭そうで気の毒である。

そんな状況を打ち破り、早くほかの東海大関係校と肩を並べる存在になってほしいという願いを込めて、東海大高輪台も、なかなかの悲願校と呼ばせてもらいたい。

ただ、東海大高輪台はけっして弱いわけではない。1980年代から東京では有力私学の一角を占めており、むしろ古株の私立有力校といっていいほど。唯一のOBプロ野球選手である小島圭市（元・巨人ほか）は1986年にプロ入り。現状、東海大の関係校で最も新しい甲子園初出場校である東海大市原望洋の台頭よりも先に、有力校化は進んでいた。

学校が位置するのは港区高輪。都心のど真ん中で、最寄り駅は白金高輪駅だが、校名にもなっている高輪台駅や白金台駅、泉岳寺駅、品川駅なども徒歩圏内とアクセス抜群。1980年代後半のバブル期に開発が進み、当時「ウォーターフロント」と呼ばれた天王洲や芝浦といったエリアに近かったため、メディアに「ウォーターフロントの都会っ子球児」のような文脈で取り上げられたこともあった。大学付属校でこの立地、現在でも生徒集めには苦労しないだろう。

ただ、一方でそれは、東京、それも都心に位置する高校のほとんどが直面する悩み、練習グラウンド問題にもつながる。地価が高く、そもそも広い土地がほとんど残っていない都心エリアで、専用球場など充実した練習環境を整えるのは難しい。実際、同じように都心のど真ん中に位置する二松学舎大付も、練習グラウンドは千葉県で、選手は授業が終わり次第、千葉へと通っている。

東海大高輪台も、長くその環境で苦労した。校地に野球ができるスペースのグラウンドはなく、狭く土のない校庭や近隣のグラウンドを利用しての練習。当然、週末は相手校に出向いての練習試合オンリー。ちなみに21世紀枠の代表校選考では「困難な環境を克服して練習に励んだ」といったことも評価になる。そう聞くと、つい離島や過疎地の山間部などを思う浮かべてしまうが、都会には都会でこうした悩みもあるのだ。実際、ＯＢに話を聞くと「当時、校庭には一部、土もあったので、そこをマウンドに見立て、そのとき空いている場所に向かって投本間の距離を測り、ホームベースを置いて投球練習をした」など、涙ぐましい努力の話が出てくる。そういった工夫、頭を使って練習を生み出していく経験は、選手としての成長、チームの力にもなったであろう。

その悩みが解消したのは2004年。埼玉県さいたま市浦和区に、待望の専用球場も備える学校の総合グラウンドが完成したのだ。もちろん校舎のある高輪からは離れているため、選手たちは授業終了後にバスで移動。渋滞がなくても練習開始まで1時間前後はかかる。それでもグラウンドがなかった時代に比べれば環境は大幅に改善。グラウンドがないことは入学敬遠の理由にもなるだけに、チーム構成にもプラスに働いたはずだ。

それが追い風になったのか、以降、東海大高輪台の上位進出のペースはアップした。2008年夏には東東京大会で初の決勝進出。関東一に敗れ準優勝に終わったが、その後、2012年春は準優勝、2015年秋はベスト4、2016年の選抜では21世紀枠の都推薦校に選出されている（他の東海大付属校の実績を考えれば、当事者としては複雑だったかもしれないが）。そして2017年夏には2度目の決勝進出。二松学舎大付に1対9で敗れたが、2004年以降の上昇カーブは続いている。指導する宮嶌孝一監督は、グラウンドなき時代のOB。甲子園初出場を決めて、練習場所を求めてさまよった選手たちに歓喜を届け、ほかの東海大関係校に肩を並べる日を期待する。

# 消えゆく「商業・工業」甲子園。かつての甲子園の「匂い」がここに

高校野球黎明期から活躍していた伝統ある名門強豪校には、商業高校や工業高校など実業系の高校が多い。言わずと知れた「四国四商」、松山商、高松商、高知商、徳島商などはその典型。ほかにも、熊本工、県岐阜商、広島商、甲子園に鮮烈な印象を残した銚子商や横浜商などなど、枚挙にいとまがない。

しかし、1990年年代に入る頃から高校生の大学進学志向が高まり、普通科志望の中学生が増加すると、商業高校や工業高校の野球部の苦戦が見られるようになった。また、学校自体がこうした時代のニーズへの対応、生き残り策として、普通高校へと変化したり、商業・工業という名称を校名から外すケースも出てくる。加えて近年は少子化の影響で、人口ボリュームの多かった団塊ジュニア世代のために増やした高校の再編、統廃合が全国的に進んでいる。その過程で消える商業・工業も少なくない。

時代の変化と考えれば良し悪しの判断は難しいところであり、いたしかたない面もある。いずれにせよ、商業・工業の名を冠する高校が甲子園で見られなくなっていることはたしかだ。

たとえば、普通科志向が強くなってきたといわれる約30年前、1988年の春夏甲子園における商業・工業の出場校数は春が6校で夏が18。春は出場校の約6分の1、夏はじつに3分の1近くが商業・工業高校である。では、その30年後、2018年の春夏甲子園はどうかというと、春は1校で夏は4校。なんと春は商業・工業の出場校なしという事態になる寸前。夏にしても、記念大会で出場校が56校と増えたにもかかわらず10分の1以下になってしまった。

さて、ではこんな時代の中で「もし今、商業・工業だけの甲子園が実現したら」、どんな出場校の顔ぶれとなるだろうか。

ポイントは「今」という点。つまり、現在、商業・工業の名が付かない高校は対象外。商工・林工・農工・農商などはOKだ。また「松商学園」のような「商」や「工」の1文字が入っているケースは基本的には除外。そのうえで、過去の実績、最近の成績などを考慮して独断で選ぶと次のようになる。ちなみに、2校挙げているのは、実績や近年の成績を比較しても甲乙つけがたいためだ。

旭川工（北北海道）函館工（南北海道）弘前工（青森）盛岡商（岩手）秋田商（秋田）山形商（山形）仙台商（宮城）福島商（福島）水戸商（茨城）宇都宮工（栃木）前橋工（群馬）熊谷商（埼玉）銚子商（千葉）京華商（東東京）府中工（西東京）横浜商（神奈川）甲府工（山梨）静岡商／浜松商（静岡）新潟商（新潟）長野商（長野）豊橋工（愛知）県岐阜商（岐阜）四日市工（三重）富山商／高岡商（富山）金沢市工（石川）福井商（福井）八幡商（滋賀）京都府工（京都）高田商（奈良）和歌山商（和歌山）大体大浪商（大阪）姫路工（兵庫）倉敷商（岡山）広島商（広島）鳥取商（鳥取）松江商（島根）宇部商／下関商（山口）高松商（香川）徳島商（徳島）松山商（愛媛）高知商（高知）福岡工／小倉工（福岡）佐賀商（佐賀）長崎商（長崎）大分商（大分）熊本工（熊本）宮崎商（宮崎）鹿児島商（鹿児島）浦添商（沖縄）

＊北から南の順

いくつかトピックを紹介すると、自分で決めたルールながら松商学園（旧・松本商）が入っていないのは残念。群馬は、前橋商と高崎商も名門だが、甲子園4強3

度の実績で前橋工を選んだ。また、東京は、大都市ゆえか過去、「商」「工」の名が付く高校で甲子園出場経験のあるのは戦前の慶應商工(現在の慶應義塾〈神奈川〉のルーツとなった学校のひとつ)のみ。よって、甲子園出場経験はないが、都内ではある程度の実績がある京華商と府中工を選んだ。その意味では、この2校には悲願校の要素もある。同様に京都も、伝統校・京都商が京都学園と改称。ほかに有力な商業・工業がなく、こちらも甲子園出場経験のない京都府工を選出(実は各種大会で健闘)。ほかにも、一関学院(旧・一関商工)、樟南(旧・鹿児島商工)、市和歌山(旧・市和歌山商)、鳴門渦潮(旧・鳴門工)など、強豪校の中にも「元商業・工業」は少なくない。

大阪の大体大浪商は、厳密にいえば対象外かもしれないが(現在は商業科がない)、伝統校・浪商の名を残した点に敬意を表して、あえてピックアップした。ちなみに大阪は、府立の工業高校は原則「工科」という名称になっている(市立は工業の名が残っている高校も存在)。じつは東京も府中工ではなく、世田谷工時代から健闘を続けていた総合工科(旧・小石川工と世田谷工が統合)を選びたかった。

こうした流れを考えれば、近い将来、商業・工業が1校も出場しない甲子園大会は訪れるだろう。少し寂しい気もするが、それもまた時代の流れと受け入れたい。

## 唯一の私立未出場県・徳島。公立校の包囲網をかいくぐり、県史上初の快挙を目指す【生光学園】

高校野球が私立全盛時代になって久しい。かつての公立名門校が、甲子園どころか県大会でも苦戦している例もよく見かける。そんな中、意外にも夏の49地区に1地区だけ、いまだ私立校の甲子園出場がない地区がある。それが徳島県だ。

ただ、徳島県には私立校が3校しかない。さらに3校の中で硬式野球部があるのは1校、生光学園のみなのだ。ただ、そもそも1校しか私立校が参加していないのだから、私立校の出場確率は低い。つまり、その1校、生光学園の野球部が弱ければ「私立の甲子園出場ゼロ」記録は比較的容易に継続されていくわけであり、騒ぐほどの記録ではない。

が、じつはこの生光学園の野球部は強い。それもかなり強い。

初参加となった1981年の夏の徳島大会でいきなりベスト8。1985年春には初のベスト4入りを果たし、この頃から上位常連に。そして1995年夏、決勝に初進出。のちにプロで活躍する武田久（元・日本ハム）が2年生エースとして奮闘したが、1対16で鳴門に大敗。しかし、武田が残った新チームは同年秋には優勝。四国大会に進出する。だが、岩村明憲（元・ヤクルトほか）が主砲を打つ宇和島東に敗れ、選抜には手が届かなかった。

以降、夏は4強10回。2011、2018年にも決勝進出したが準優勝。秋も、2013、2016年に優勝。準優勝も3回、3位が5回、4強が6回。特に2013年は四国大会でも4強に進出したが、同県対決となった池田との準決勝に3対9で敗戦。選抜は補欠校となった。春も、2002、2007、2013年と3度優勝。秋春ともに県内ベスト8、ベスト4は数多い。また出身プロ野球選手も前出の武田を含め合計4人。悲願校を成績に応じてポイント化したランキング（P133）では堂々全国1位である。

このとおり、生光学園の野球部は徳島県の有力校であり続けた。2006年には、付属の生光学園中学で「ヤングリーグ」所属の硬式野球部が発足。中高を通じて選手を育成できる体制もある。にもかかわらず、なぜ生光学園は甲子園を逃してきてしまったのか。

現地のメディア関係者に聞くと、過去、どうしても勝負どころでの弱さが目につくと話す。また、県内唯一の私立で県外出身者も多いチーム構成。どうしても徳島商や鳴門といった強豪以外の公立校も「生光には負けられない」と意地を剥き出しにして向かってくることがあるという。そんな中で劣勢となると、気迫に押されただけではないのだろうが、結果的に粘れず踏ん張り切れず、勝ち切れない。そんな試合を繰り返してきた。

現在、チームの指揮をとる河野雅矢監督も、甲子園初出場のカギのひとつはメンタルにあるのではないか、と考えている。

「そうは思いたくはないのですが、試合終盤になると、どうしても過去の敗戦など悪いイメージが頭をよぎるようで、精神的な弱さが出てきてしまうんですよね」

過去の敗戦、そこには惜しいところで勝利を逃してきた部の歴史の影響もゼロではないだろう。ゆえにそういった場面に負けない「信じる力」を養うメンタルトレーニングや指導を心がけている。「〝徳島県初の私学の甲子園出場〟を達成できるのは自分たちだけ。歴史をつくれるぞ」と、初出場のプレッシャーをモチベーションにつなげることもある。そんな精神面の教育は、野球そのものの指導だけではなく、生光学園の野球部で高校生活を過ごす意義にも及ぶ。

「部員はだいたい県内出身者が3割、県外出身者が7割といったところ。他校はすべて公立校なので県外出身者が野球部にいるチームはほとんどありません。だからウチで野球をすると、早くから徳島県以外の土地の人間や文化に触れられるので、広い視野を持てる。学校も、私学ならではの人脈や取り組みがありますから、いろいろな人、いろいろな野球人、いろいろな世界を知ることができる。それは徳島の他校にはない魅力です」

河野監督は「何ごとも目先の感覚だけでとらえてほしくない。その先にある未来、世界を意識してほしい」が指導のモットー。生光学園の環境は、その志向にも合う。

「正直なところ、ウチが1回か2回、甲子園に出場したくらいで、徳島県の公立志向が劇的に変わるわけではないと思うんです」

たった1校だけの私立。長い歴史を積み重ねてきた公立。甲子園に出場したからといって、いきなり県内の入部志望者が激増するほど甘くはないだろう。だが、それでもいい、と覚悟は決めている。もちろん、県内の入部志望者が増えればうれしいが、「生光学園で野球がしたい」という選手であれば、県内だろうが県外だろうが関係ない、というのが基本スタンス。河野監督の話を聞いていると「公立だ私立だ」という感覚は、超越しているように感じた。

追い求めるのは「公立」や「私立」という概念を取っ払った「生光学園」の野球。生光学園が甲子園をつかむ日は、選手たちもそんな心境に至ったときなのだろう。

# 激戦区で30年近く上位常連も甲子園にはいまだ手が届かず。【横浜創学館】が神奈川で戦ってきた意義

「神奈川を制する者は全国を制す」とは高校球界で昔からささやかれていた言葉である。

2018年夏の大会参加校は186校。学校統合の影響などにより200校は割ったが、それでも全国屈指であり、その「中身」も豪華だ。

言わずとしれた横浜、東海大相模の二大巨頭に、桐蔭学園、日大藤沢、慶應義塾といったおなじみの強豪校。そこに、桐光学園、平塚学園、横浜隼人といった1990年代後半以降に存在感を増した私立が絡む全国屈指の激戦区。伏兵、公立の実力校も多種多彩。かつての「神奈川勢の夏の甲子園優勝10年周期」説は崩れてしまったが、それでも全国優勝から長期間遠ざかることはなく、地方大会の盛り上がりもすさまじい。

そんな高校野球大国・神奈川県の悲願校といえば、多くの高校野球ファンは、横浜創学館の名を挙げるだろう。

元の校名は横浜商工。1990年、現在も指揮をとる横浜OBで、選手として甲子園経験もある森田誠一監督がコーチとして赴任。翌年、監督となってから力をつけ、1994年夏にはベスト4進出。以降、2018年まで夏はベスト8が6回、ベスト4が3回。記念大会で南神奈川大会に出場となった2008年は決勝に初進出。2対8で横浜に敗れたが、その後も実力をキープ。神奈川の有力校の一角として完全に定着している。

秋も2003年には優勝。春も2010年に準優勝し、関東大会でもベスト4に入った。また、秋山翔吾（西武）や望月惇志（阪神）、難聴のハンデがありながら好投手に成長、「サイレントK」と呼ばれた石井裕也（元・日本ハムほか）をはじめ、これまで合計8名のプロ野球選手を輩出。プロ野球だけではなく、大学進学後に大きく成長して活躍する選手も少なくない。はっきり言って、実績だけなら、いつ甲子園に出てもおかしくないように思える。

こんな高校でも30年近く、甲子園に手が届かない戦いを続けている。神奈川とはあな恐ろしや。甲子園に出場するには、きっと人外魔境がごとき、想像を超えた敵と戦いを勝ち抜かなければいけないのだろう……。

そんな〝人外魔境〟の神奈川で甲子園初出場のために乗り越えなければならない最大の壁は、やはり横浜。たとえば2018年までの10年間、夏の神奈川の代表校は「横浜か、横浜を倒した高校」が占めている（記念大会の北神奈川大会は除く）。

ところが横浜創学館は、森田監督の母校でもある横浜が天敵で、公式戦では1994年夏の準決勝で敗れて以来、なんと16連敗中。夏に限れば準々決勝2度、準決勝で2度、そして準優勝した2008年の南神奈川大会決勝で敗れた相手も横浜。2018年秋の4回戦でも敗れている。2011年夏の準決勝では4点を先制されるも、気持ちを切らさず食らいつき、終盤の8回には4対5と1点差まで詰め寄る粘りを見せつけたが、あと一歩、及ばなかった。

この高すぎる母校の壁を乗り越えたときが、森田監督と横浜創学館が甲子園出場をつかむときになるのか。

前出の秋山もそうだが、横浜創学館に進学してくる選手の多くは、中学時代、全国に名が通っていたり、有名校が争奪戦を繰り広げたような選手ではない。甲子園出場歴がない以上、それが現実である。ただ、多くは実績は残せなかったが高校で見返したい、これから伸びる余地がある、バランスは欠くが目を引く長所がある、と強い向上心や、可能性に満ちた選手たちでもある。

そんな選手たちを森田監督は温かく見守り、ときに厳しく指導し、3年生になる頃には横浜や東海大相模と戦える選手に育て上げてくる。

特に打力に関しては、森田監督のこだわりも強い、横浜創学館の特色のひとつ。もっとも森田監督自身は、それだけでは神奈川を制することはできないとも感じ始めているようではあり、近年はこれまでより守備にも意識を向けている。如実な成果はまだ出ていないが、今後のポイントにはなるだろう。

いずれにせよ、こうした高校の存在があるからこそ、中学の段階では横浜や東海大相模には進めなかったような選手であっても、夢が持てる。今はまだつぼみのような自分でも、中学では上手くいかなった自分でも、高校でもうひとがんばりして、甲子園やプロを目指したい。トップ校を追う「本気の中堅校」には、そんな選手たちの思いを受け止める意義、甲子園出場回数などでは計れない野球界への貢献がある。

だからこそ、何度も壁に跳ね返されても、そんなポジションで30年近く戦い続けている横浜創学館に、一度でいいから甲子園を経験させてあげたい。そうなれば、全国のトップ校に挑んでいる高校にも、きっと勇気を与えられるはずだ。

# 夏の大阪で準優勝4度、近畿の準優勝も2度。激戦区大阪の〝知られざる強豪〟【大商大堺】は甲子園をあきらめない

長く高校球界に名を轟かせる強豪校を輩出してきた大阪は、高校野球の「本場」ともいうべき土地だ。悲願校の世界においても、大阪には全国有数の歴史を持つ高校が存在する。大阪商業大学堺高校、通称・大商大堺である。

夏の府大会準優勝は4回（うち1回は南大阪大会）。1986年は、お互い夏の初出場を狙った泉州（現・近大泉州）に敗れた。以降、2003年はPL学園に、2005年には大阪桐蔭に、2018年には近大付に聖地行きを阻まれている。

選抜につながる秋も惜しい戦いがある。初の準優勝と同じ1986年の秋、大阪2位で出場した近畿大会で滋賀の高島を降し、準々決勝進出。あと1勝で選抜出場が決定的になるという試合の相手は、大阪大会準決勝で勝利していたPL学園。しかし、この再戦は府

大会とは逆にＰＬ学園が勝利。前半で5対1とリードしたが4点差を逆転された。ちなみにこの世代のＰＬ学園は、翌年、春夏甲子園連覇を達成する。大商大堺は大金星を逃した。

その後、２０１２年秋には大阪３位で近畿大会出場。再び初戦に勝利して準々決勝に進出するが、報徳学園に敗れた。２０１４年秋も３位で近畿大会へ進むが初戦敗退。２０１５年秋は府大会決勝で大阪桐蔭を降して優勝。堂々大阪１位で選抜を狙ったが、滋賀学園に初戦負けを喫してしまう。

近いようで遠い甲子園。ところが甲子園には直結しない春となると、大阪どころか近畿でも勝ち上がっていくから不思議だ。府大会では１９８１、１９９９、２０１２年は準優勝、２０１１年は3位で近畿大会に出場しているが、うち１９９９年と２０１１年は近畿大会も決勝まで勝ち進んでいる。大阪ではない。「近畿」準優勝である。プロ野球選手も過去、５人輩出。そんな歴史が気の毒に思われたわけではないだろうが、都市部の私立校ながら2度、大阪府の21世紀枠推薦校にも選ばれている。

現在のチームの礎を築いたのは、１９９１年から24年間、チームを率いた敷嶋義之監督。毎年のように攻撃力が武器のチームを作り上げ、大阪の強豪校たちを恐れさせ、甲子園にも何度となく近づいた。だが、どうしても聖地の扉は開かない。

「打力はあったのですが、甲子園がかかる試合や大会になると、リードを奪っても途中でビッグイニングをつくられ逆転されたり突き放される。そんなパターンが多かったですね」と語るのは、2015年に敷嶋氏のあとを継いで監督に就任した静純也監督。強力な攻撃力と、一度崩れると止まらない守りのもろさが同居する。それが以前の大商大堺だった。

静監督は1975年生まれの同校OB。敷嶋監督の教え子であり、1998年からコーチとして指導に励んできた。それは、敗戦の悔しさを敷嶋監督とともにしてきたということ。その経験は現在の指導にも活かされている。

「今は攻撃だけではなく、守りから投球の組み立てまで、1点を防ぎ、ビッグイニングをつくらせないことも意識して練習に取り組んでいます」

ただ、それだけではない。悲願の甲子園へ向け、2015年の就任後、ロングスパンでチーム改革にも着手。その第一段階がようやく終わろうとしている時期だという。

何度挑んでも跳ね返された壁を乗り越えるには、今までどおりではいけない。さらに、現在の大阪は大阪桐蔭と履正社の2強が圧倒的な力を持っている。まともに挑んだら……言い方を変えると、同じことをしていたら、勝機を見出すのは難しい。だから、思い描いているのは、個々の能力では劣っても、チームとしてのまとまりでは上回ること。その方針は、準優勝に終わった2018年夏の南大阪大会にも表れていた。

この大会、大商大堺は大事な初戦と上位陣の対戦が始まる準々決勝の先発マウンドに、周囲の予想を裏切って、1年生の中島黛我を送った。さらに決勝の近大付戦の先発には、その中島でも、好投していたエースの田中心平やリリーフの富永想汰でもなく、大会初登板となる3年生・井上晃輔を起用。誰も予想できなかったサプライズ。結果的に試合は0対2で敗れたが、この戦いは「ニュー・大商大堺」を強く印象づけた。特定の選手やレギュラーだけに頼らず、全員で勝ちをもぎとりに行く野球。

「中島にしても井上にしても、周囲は驚いたでしょうが、私や選手たちの間では納得の起用だったんですよ」と静監督は振り返る。特に最後の夏に期するものがあった井上を勝負どころで登板させることは、チーム内では早くから共有されていたという。

「この数年で、ウチは誰にでもチャンスはある、結果を出せば試合に起用してもらえるということが、言葉だけではなく本当なんだと選手にも理解してもらえてきたと思います」

これがチームカラーとして浸透すれば、中学生にもチームの特長としてアピールできる。次はスカウティングも含めたチーム構成のレベルアップに取り組むつもりだ。

そして、改革の最後にあるのは、もちろん甲子園である。

# 甲子園大会が「大学付属校」だけだったら。今どきの人気校の傾向が顕著に？

Ｐ０３８で紹介した「商業・工業」甲子園で、現在の甲子園出場校に「商業・工業」の名を冠する高校が減少していると書いた。大学進学率の向上などによる中学生の普通科志向の高まりが背景にあるのだが、それを証明するように、２０００年代に入る頃から付属、系属、提携校といった大学関係校の甲子園出場が増加の傾向にある。

もちろん、日大系や東海大系、あるいは早慶、法政、立教の東京六大学野球リーグ所属校や、東洋大、駒沢大など東都大学野球リーグ所属校の関係校の一部はもともと野球強豪校であった。

だが、近年の関係校流行りで、それ以外の関係校の強化も進んだ。もともと同じ大学や学校法人グループに所属していた強豪校が大学名を新たに校名に付記したり、大学グループと新たに提携を結んで大学名を校名に冠した高校が躍進するといったケースが特徴的なのである。たとえば龍谷大平安(旧・平安)や京都外大西(旧・京都西)、関大北陽(旧・北陽)、東大阪大柏原(旧・柏原)、四国学院大香川西(旧・香川西)などはその典型だ。

これは商業・工業の衰退と表裏一体的な状況といえよう。普通科志向が大学進学を見すえているならば、進路先として魅力的に映るのが大学の関係校。人気大学となればなおさらだ。中学野球の関係者の中には「もし首都圏でどの強豪校にも進学できるなら、横浜や浦和学院などより早稲田実や慶應義塾に行きたいという選手が多いのでは」と話す人もいた。

私学にとって甲子園に出場することは莫大なPR効果があるといわれ、知名度アップが入学志望者数にダイレクトに結びつくといわれる。さらにそれが有名大学の関係校となれば……という話。少子化が進む中で私立大学や私立高校は学校存続をかけたサバイバルの時代に入っているといわれる。そんな時代の影響が高校野球にも反映されているわけだ。

以上のことから考えてみたのが「もし甲子園出場校がすべて大学の付属校だけだったら」。「付属校」とはしたが、実際は系属校、提携校、同一学校法人、同一グループといった関係校ならば対象内。ただし、一般的な校名表記に「大学」「大」の文字がなければ対象外。理由は……校名が並ぶ見た目（イメージ）も考慮したから。メディア露出の際、「大学」「大」の文字の有無はPRの点で差は大きい。それが付属校流行りという時代を象徴すると考えたからである。

はたして49地区すべてで出場校を選出できるか。結果は以下のとおり。2校挙げているのは「商業・工業」（P038〜041）と同じ理由である。

旭川大高（北北海道）　駒大苫小牧（南北海道）　八戸工大一（青森）　盛岡大付（岩手）　該当校なし（秋田）　日大山形（山形）　東北生文大高（宮城）　日大東北（福島）　土浦日大（茨城）　佐野日大／文星芸大付（栃木）　健大高崎（群馬）　東農大三（埼玉）　拓大紅陵／千葉経大付（千葉）　二松学舎大付（東東京）　日大三（西東京）　東海大相模（神奈川）　東海大甲府（山梨）　常葉大菊川（静岡）　新潟産大付（新潟）　長野日大（長野）　中京大中京／愛工大名電（愛知）　中京学院大中京／大垣日大（岐阜）　近大高専（三重）　富山国際大付（富山）　金沢大付（石川）　福井工大福井（福井）　滋賀短大付（滋賀）　龍谷大平安（京都）　奈良大付（奈良）　近大新宮（和歌山）　関大北陽／近大付（大阪）　神戸国際大付／東洋大姫路（兵庫）　岡山理大付（岡山）

近大福山（広島）　該当校なし（鳥取）　立正大淞南（島根）　該当校なし（山口）　四国学院大香川西（香川）　該当校なし（徳島）　愛媛大付（愛媛）　該当校なし（高知）　福工大城東（福岡）　該当校なし（佐賀）　長崎日大（長崎）　日本文理大付（大分）　東海大熊本星翔（熊本）　宮崎日大（宮崎）　該当校なし（鹿児島）　昭和薬大付（沖縄）

＊北から南の順

結果は49地区のうち、じつに42地区でピックアップできた。選出できなかったのは秋田、鳥取、山口、徳島、高知、佐賀、鹿児島。ただし、佐賀は早稲田佐賀が「大学」「大」が付かないために泣く泣く選外にした地区。それも入れると43地区で選出可能となる（ルールに則ると、立教、早稲田実、慶應義塾なども対象外）。

また、秋田は明桜が旧校名・秋田経法大付ならば選出できた。母体大学がノースアジア大学に名称変更という事情があったにしろ、校名から大学名を取った、最近では珍しいケース。似た例には山梨学院大付から校名変更した山梨学院のケースもある。

時代背景を考えれば、商業・工業とは逆に、こちらはいつか49地区すべてで選出できる可能性を秘めているだろう。

# 「宮古島から初の甲子園」を狙う。石垣島に後塵を拝してきた悔しさ胸に挑み続ける【宮古】

離島。それは人々にロマンを与えてくれる響き。高校野球でも、それは同じだ。「故郷」や「土着」の匂いが濃厚で、「地元意識」をくすぐられる高校野球において、「離島から甲子園にやって来た高校」というワードは、ただでさえ判官びいきな日本人の声援に、いっそう熱を込める効果がある。「島」という限定されたエリア内から集った選手たちが、練習試合も困難な環境の中で腕を磨き、全国の舞台で強豪校に挑む。まるでマンガから抜け出してきたようなストーリー。

しかし、現実は厳しく、沖縄本島を除くと、離島からの甲子園出場は、本土と隣接、現在は橋で行き来ができる淡路島の洲本（兵庫）と、周防大島の久賀（現・周防大島／山口）が出場したのみ。「リアル」な離島は甲子園にたどり着けないまま、年月を重ねた。

風向きが変わったのは2001年。春の選抜に21世紀枠が設けられたのである。21世紀枠に選出される高校の基準のひとつは「困難克服校」。恵まれない環境の中で野球に励み、一定の成果を出せば、一般枠で選出される基準まで勝ち進めなくても、甲子園出場校に選ばれる可能性がある。「離島」という地理条件は、典型的な「困難環境」。21世紀枠は、離島の高校の甲子園出場にとって、大きな追い風となった。そして2003年、ついに島根は隠岐諸島の隠岐が、21世紀枠に選出され甲子園初出場。沖縄本島以外、本土と橋で結ばれていない離島の高校として、初めて聖地を踏んだ。

さらに沖縄・石垣島の八重山商工が、2005年秋の九州大会で見事、準優勝。沖縄の離島の高校として初、そして実質的な離島の高校として、初めて一般枠での選抜出場を決める。その勢いのまま同年夏の沖縄大会も制して、こちらも実質的な離島初の夏の甲子園を決めた。小学生時代から全国大会で好成績を収めてきた島の子たちが、そのまま島の高校に進学。地域もバックアップして同じ指導者のもとで甲子園にたどり着く。本当にマンガが実現したような活躍ぶりだった。以降、この2校に続き、21世紀枠で新潟の佐渡、鹿児島・奄美大島の大島といった離島の高校も甲子園の土を踏んだ。

が、その陰で悔しい思いをしているのが、八重山商工と同じ沖縄の離島、宮古島の宮古である。

宮古島と石垣島。宮古島市と石垣市。沖縄県の離島ではともに知名度が高い両者だが、そこにはライバル意識もある。土地が肥沃で石垣島のほかにも西表島や竹富島など、早くから人気観光地を有していた石垣諸島。一方、宮古島は、今でこそ海の美しさが知られるようになり観光客も増えたが、歴史的に島の土壌が琉球石灰岩のため農業が難しく、石垣島に比べると観光資源も少なかった。

野球においても、八重山商工以前に、「沖縄の離島初の甲子園」に近づいたのは、じつは宮古島の宮古。1976年秋の県大会3位で九州大会に出場するとベスト8に進出。選抜出場手前まで迫った。現代であれば21世紀枠での甲子園が確定だったのではないだろうか。その後も1977年、1978年と立て続けに夏の沖縄大会で決勝敗退と、甲子園寸前で夢破れる時代が続く。当時、宮古を率いていたのは若き日の盛根一美監督。約20年後の1997年夏、浦添商の監督として甲子園ベスト4に進出。その後に指揮した中部商では、多和田真三郎（西武）、山川穂高（西武）を育てた名の知れた指導者である。ちなみに、夏の沖縄大会決勝で宮古を2度にわたり退けたのは、栽弘義監督（のちの沖縄水産監督）率いる、当時全盛期だった豊見城。盛根監督が後に指導者として実績を残したのは、宮古での悔しい経験も糧となったであろう。

ともあれ、その後も宮古は、1980年秋と1982年秋に準優勝と上位を賑わしたが、甲子園には届かず。そして長い時を経て、「沖縄の離島初の甲子園」の栄誉は、ライバル・石垣島の八重山商工がつかむことになる。八重山商工の活躍を目の当たりにした宮古島には再び、「自分たちも」という機運が高まり、2008年、新監督として神山昴監督（現・未来沖縄監督）が就任。同氏は、沖縄水産や那覇商の部長、監督として甲子園を経験した指導者である。だが、2010年秋ベスト4には進出するも甲子園には手が届かず。神山監督の退任後も、2012年秋ベスト4、2015年春に準優勝、同年夏にはベスト4に進出と奮闘はしているが、夢はまだ叶っていない。

もともと宮古は、身体能力に優れた好選手を輩出する土地として知られている。宮古島出身の選手が、沖縄本島の高校の主力選手として甲子園で活躍したこともあった。ちなみに同じ島内の宮古総合実は、元ロッテの川満寛弥を生んでいる。

八重山商工も沖縄の離島の選手たちの能力の高さを甲子園で見せつけた。同じ離島の選手、環境。宮古島にだってできないわけがない。

沖縄の離島、次の旋風を巻き起こすのは宮古であると信じたい。

# 何度も私立強豪・名門公立を撃破。群馬の新興公立校【伊勢崎清明】の「圧倒的勝利」を目指す野球

２０００年代に入ってからの高校野球のトレンドのひとつに、「元女子校の活躍」がある。

少子化が進む中、女子校が生き残りのために共学化。同時に野球部を創設、強化して甲子園を目指し、全国でも好成績を挙げるようになる、というパターンの高校だ。

群馬県南部、埼玉県と接する伊勢崎市にある伊勢崎清明も、元女子校のひとつ。ただし、県立の伊勢崎女子が２００５年に共学となった、公立の元女子校である。ゆえに私立の元女子校の強豪のように、あからさまに野球部を強化した高校ではない。それでも、２０１４年の夏の群馬大会で準優勝。２０１５年春から２０１６年夏まで5季連続でベスト8以上に入るなど、野球部は県でも有力校のひとつ。群馬を代表する悲願校ともいえる。ただ、

伊勢崎清明をここで紹介する理由は、成績だけではない。その勝ち上がりがインパクト抜群だったのだ。

２００8年夏以降、秋春夏の県大会で東農大二に4勝、桐生第一に2勝、高崎商に3勝。２０１2年夏には同年の選抜に出場していた高崎と健大高崎を連破した。伊勢崎清明は県内で台頭してくる過程で甲子園経験のある私立強豪や公立伝統校をときに「食って」しまうアップセッターという一面を見せていたのだ。

特に、２０１2年夏、当時、「機動破壊」という言葉とともに甲子園で旋風を巻き起こして勢いに乗っていた健大高崎に8対1と勝利したゲームは衝撃的だった。列挙したのは勝ちゲームだけだが、そのほかの大会でも健大高崎、前橋育英、桐生第一とは惜しい1点差の敗戦は数知れず。以前、観戦した前橋育英との試合では、結果は敗戦だったが、約1ヶ月後に甲子園優勝投手となる高橋光成(西武)の球威に負けず、コツコツ単打で攻め、マウンドから引きずり下ろしていた。こうした力の秘密はどこにあるのだろうか?

創部から短い期間で実力校となった伊勢崎清明だが、本格的に上位を賑わすようになったのは２０１０年代に入ってから。その背景には２０１１年に就任、今も指揮をとる齊藤宏之監督の手腕がある。

指導の特長は、足、肩、スイングスピードのレベルアップを重視して、選手の「個の力」を伸ばす点。すべての項目に目標とする明確な数字を設けて練習に臨む。

たとえば「足」なら、全員、3年生の夏までに50メートル6秒5以内を目指す。「肩」の目標は「55メートルをライナーで投げる」こと。これをクリアできればフェンス直撃の打球でもカット1枚でホームに鋭く返球できるという。

さらに、「スイングスピード」は、ロングティーで投げ手の指からボールが離れた瞬間からバットにボールが当たるまでの目標時間を0・4秒以内にしている。これは今の強豪校の投手の多くが、真っすぐのスピードは140キロを超えてくるうえに鋭く落ちる変化球、スピードの速い変化球を武器にしているから。ゆっくりと大きな振りでは対応できないというわけである。一般的に150キロの真っすぐがリリースされてミットに届くまでの時間は約0・41秒とされている。強豪校の投手に振り負けない打力は、こうして養っているわけだ。

そしてユニークなのが、齊藤監督が強豪校に挑むときのゲームプラン。

よく格下が格上の強豪校に挑むとき、チャレンジャーの監督が、「失点を最小限に抑え、ロースコアのゲームに持ち込んで勝機を見出す」といったゲームプランを話すことがあるが、齊藤監督はそれでは勝てないという考えだ。ロースコアの接戦は、いい試合をしているように見えるが、実際は競り合いに自信を持っている強豪校のペース。格上の強豪校に勝つには序盤からガツーンと先制して、なるべく点差を引き離すことを目指したほうがいいという。たしかに普通の公立校が私立強豪相手にロースコアの接戦に持ち込んでも、結局、相手投手を打ち崩せず、がんばってきた自軍の投手が力尽きる……というケースはよく見る敗戦パターン。齊藤監督のゲームプランは一理ありそうだ。

前述した、健大高崎を8対1で降した2012年夏の一戦は、まさにそれがハマったゲーム。序盤から得点を重ねて終盤にも加点。8回コールドで健大高崎に引導を渡した。

ただ、それでも甲子園には届かない。甲子園は「大物食い」だけで行ける場所ではない。勝ち続けなければ得られない栄光だ。その継続性、チームとしてのスタミナが今後の課題だろうか。さらには、2011年に就任した齊藤監督の異動事情も気になるところ。

2018年は、夏も秋も準々決勝で健大高崎に敗れた。なんと2015年秋から2018年秋まで、秋春夏の県大会10大会のうち5回、いずれもベスト8以上の戦いで健大高崎に行く手を阻まれている。アップセットではなく、大会を通じ、健大高崎、前橋育英、桐生第一を撃破して聖地にたどり着く日を心待ちにしている。

# 県下有数の公立進学校【県相模原】。中学軟式出身から2校目の名将が激戦・神奈川制覇を決める日はくるか

神奈川の悲願校は、P046で述べたように、文句なしに横浜創学館だ。だが、どうしても紹介したい、もうひとつの悲願校がある。いや、むしろ「悲願監督」と言ったほうがいいかもしれない。その高校は神奈川県立相模原高校。

通称「ケンソー」、高校野球ファンであれば「県相模原」という表記でもなじみがあるだろう。そして「悲願監督」とは現在同校を率いる佐相眞澄監督である。

近年、神奈川の甲子園出場校は、ほぼ私立で占められている。対する公立は、現在こそ甲子園から遠ざかっているが、市立の横浜商が、かつて「Y校」の愛称で甲子園を沸かせた。だが、県立校の甲子園出場となるとグッと遠ざかり、1951年の希望ヶ丘が最後。佐相監督は前任の川崎北時代から、70年近く達成されていない「神奈川から県立校で甲子園」

を目指し、奮闘を続けている指導者なのだ。

先に述べたように横浜、東海大相模のような全国屈指の強豪校がダブルで控え、桐光学園など、それを追う存在も続々控えている「人外魔境」神奈川を勝ち抜くのは、ただでさえ厳しい戦い。ましてや、それが野球に力を入れる私立強豪に比べ、普通の県立校となれば、もはや丸腰でエベレストに挑むようなチャレンジ。

考えてみてほしい。体力が奪われる夏の暑さの中、ノーシードなら5回勝ってやっと準々決勝。そこから横浜や東海大相模のようなバケモノ級のチームを連破しなければ甲子園は見えてこない。ハリウッド映画もドラゴンボールも真っ青のラスボス感である。

そんな神奈川で、佐相監督率いる県相模原は不可能を可能にしそうな戦いを続けているのだ。近年の成績のうち、主な上位進出は以下の通りである。

2018年夏　準々決勝　●8対9　東海大相模（＊北神奈川大会）
2015年夏　4回戦　●0対3　横浜
2015年春　決勝　●4対8　東海大相模
2014年秋　準決勝　●0対2　桐光学園

2014年夏　準々決勝　●1対11 横浜
2014年春　4回戦　●1対5 横浜

この通り、県相模原は、今や神奈川の押しも押されもせぬ有力校のひとつ。特に2015年春は神奈川制覇の寸前まで迫った。しかも、県相模原は毎年、東大を筆頭とする難関国公立大および私大に多数の合格者を輩出している県内屈指の公立進学校。入試ハードルも高い。そんな条件の中でこの成績は驚異である。

佐相監督は、もともと神奈川県で中学の軟式野球部を指導していた。そこで全国大会優勝など多大な実績を挙げた。2000年春、選抜を制した東海大相模の優勝投手、筑川利希也を中学時代に指導していたのも佐相監督。いわば、長年、神奈川の高校球界の下支えもしていたといえよう。こうした指導経験を積んだうえで、2005年春、高校野球の世界に転じた。最初に赴任したのは川崎北。かつて河原純一（元・巨人ほか）を送り出すなど、神奈川では野球が強い県立校として知られている。

そんな地盤もあったうえに、また佐相監督の指導力が呼び水となって好選手が進学。2007年秋には早くも県大会でベスト4に進出し、以降もコンスタントにベスト8、ベスト16を賑わせる存在となった。そして２０１２年、県相模原に異動となり、現在に至る。

佐相監督の指導の中でもこだわりと定評があるのが打撃指導。毎年、私立強豪の投手にも屈しない攻撃力を育んでくる。当たり前のように１４０キロ台の真っすぐを持つ投手を複数、整備してくるのが横浜や東海大相模。１試合だけならまだしも、そんな相手に連続して勝利するには、打撃力を磨かなければ、どこかで力尽きてしまうだろう。

県相模原自体は普通の公立校のため、練習は自校の校庭。他部とグラウンドを分け合って使うため、フリー打撃の多くはバックネットに向かって打つ。そんな環境の高校が、横浜や東海大相模に打ち勝つ。これほど痛快なドラマはない。

野球部の合言葉は「学校は公立・野球は私立」。こと野球に関しては「公立だから」という言い訳は持ち出さない。同じ野球で戦う限りは、横浜や東海大相模と同じ土俵、同じレベルに達しなければ甲子園は見えてこないと練習に取り組む。

中学、高校と指導者としてキャリアを積んできた佐相監督も60歳になった。神奈川県の教員制度では定年となるが、再雇用制度を利用して監督を続ける意向を示している。

夢叶うまで挑戦。

県相模原が、横浜や東海大相模などをくだして甲子園にたどり着く日は訪れるか。

# 復活した姿が見たい「ブランク悲願校」。名門から一世を風靡した高校まで

一人黙々と悲願校の選出をしていると、「この高校は悲願校かな」と思いきや、かなり昔に甲子園に出場していたというケースがある。そんなふうに歴代甲子園出場校を眺めると、「ああ、こんな高校が出ていたな」など、強い印象を残した高校の戦いぶりやかつての常連校を思い出すこともしばしば。そこで、この項では甲子園出場のブランクが長期間にわたっている、印象的な高校を49地区からピックアップ。ある意味、これらの高校は「復活悲願校」といえるかも? こちらも、2校挙げているのは「商業・工業」（P038〜041）と同じ理由である。

中標津（北北海道） 函館大有斗（南北海道） 木造（青森） 高田（岩手） 能代（秋田） 酒田東（山形） 仙台商（宮城） 磐城（福島） 取手二（茨城） 青藍泰斗（栃木） 桐生（群馬） 上尾（埼玉） 銚子商（千葉） 横浜商（神奈川） 日大一（東東京） 東亜学園（西東京） 吉田（山梨） 浜松商（静

岡）新発田農（新潟）長野（長野）愛知（愛知）大垣商（岐阜）海星（三重）魚津（富山）小松明峰（石川）大野（福井）甲西（滋賀）京都学園（京都）郡山（奈良）日高中津（和歌山）阪南大高（大阪）市西宮（兵庫）岡山南（岡山）山陽（広島）倉吉東（鳥取）大社（島根）徳山（山口）観音寺総合（香川）海部（徳島）松山商（愛媛）伊野商（高知）小倉（福岡）佐賀西（佐賀）佐世保工（長崎）津久見（大分）文徳（熊本）都城／高鍋（宮崎）鹿児島商（鹿児島）沖縄水産（沖縄）

＊北から南の順

特徴的な高校を挙げていこう。

まずなんといっても松山商。このような企画で取り上げるのが失礼なほどの名門校だが、あらためて見直すと最後の甲子園は２００１年夏（ブランク18年　＊基点は２０１９年・以下同）。あと少しでブランクが20年に達する。同様に「そんなに甲子園から遠ざかっていた？」という印象なのが、北から銚子商（ブランク14年）、横浜商（ブランク22年）、浜松商（ブランク19年）、三重の海星（ブランク20年）、沖縄水産（ブランク21年）。それぞれ久しぶりに勇姿を甲子園で見せてもらいたい。

北海道では、一時代を築いた函館大有斗（ブランク22年）が、気がつけば20年を超えるブランク期間に。東北では、青森の木造（ブランク37年）は、佐賀商の新谷博（元・西武ほか）投手にノーヒットノーランで敗れるも、9回2死からパーフェクトゲームを免れた高校として記憶している人も多いはず。岩手の高田（ブランク31年）は、最初にして最後（現時点）となっている、甲子園での唯一の試合が雨天コールド敗戦という悲運。一度は最後までプレーさせてあげたい。

関東だと青藍泰斗（ブランク29年）は甲子園初出場以来、約30年、2度目の出場がないまま県内では有力校であり続けた、悲願校とカン違いしやすい高校。桐生（ブランク41年）、上尾（ブランク35年）、日大一（ブランク31年）は復活すればオールドファンが喜びそう。東亜学園（ブランク30年）は、2019年選抜の21世紀枠の東京の推薦校に選出されたが、かつての活躍を知るファンからすると、学業面での評価もあったとはいえ、気持ちはやや複雑。

東海では津久見・川崎憲次郎（元・中日ほか）と至高の投手戦を演じた篠田淳（元・ダイエー）の熱投が忘れがたい大垣商（ブランク25年）が懐かしい。北信越は、「板東・村椿の投げ合い」で有名な魚津（ブランク60年）が復活すれば地元の盛り上がりは必至。近畿では、甲子園に旋風を巻き起こした滋賀の甲西（ブランク33年）をもう一度見たい。郡山（ブランク19年）は天理、智弁学園に対抗していた文武両道の星。和歌山の日高中津（ブランク22年）は分校初の甲子園として話題になった。オールドファンには旧校名である京都商時代の活躍が印象深い京都学園（ブランク33年）は、今も好投手を育てている。市西宮（ブランク55年）は女子生徒が夏の甲子園の開会式で出場校のプラカードを持つことで知られる高校。じつは甲子園経験がある。

中国は、大社（ブランク27年）が県内では有力校であり続けているだけに、このブランク年数は意外。山口の徳山（ブランク32年）は唯一の甲子園での試合、9回2死、勝利目前の場面からピッチャーゴロを投手が一塁に悪送球、それをきっかけに逆転負けという「まさか」の結果に泣いた。その雪辱を晴らす機会を与えたい。

四国では、現プロゴルファーの尾崎将司（元・西鉄）の活躍で選抜初出場初優勝を記録した海南が甲子園不敗校。歴史を受け継ぐ海部（ブランク55年）には校名変更を甲子園で全国に伝えてほしい。九州では小倉（ブランク41年）、佐賀西（ブランク61年）、津久見（ブランク31年）は、出場となれば、関係者やファンは感涙必至。鹿児島商（ブランク12年）は今回の選出校の中では最もブランクが短いが、鹿児島の「御三家」で唯一、低調が続くので、その意味で復活を願いたい。

# 気がつけばいつも県上位。野球どころの「安定校」、福井【鯖江】に迫る変革のとき

## 悲

願校は、何度も準決勝や決勝で敗れ続けるといった悲運の高校を指すのが基本線。ただ、それとはちょっと一線を画すタイプの悲願校も存在する。けっして弱くはなく、県内での実績もそれなりにはある。ただ、優勝候補筆頭に挙げられるまではいかない。前評判が高くない年も、気がつけばベスト8にひょっこり顔を出す、安定タイプの悲願校である。

福井県の鯖江は、長きにわたり、そんな印象を与える典型的な高校だった。夏の福井大会では、1980年代まではたまに上位に顔を出す程度だったが、1979年にはドラフト1位で大洋（現・DeNA）に入団した杉永政信を送り出す。その後、1990年代からは安定して県上位進出するようになる。1990年以降、2018年までの28年間で準優勝2

回、4強3回、8強6回。秋は1991年に優勝、1996、2007年は準優勝。春は2011年に準優勝、2012年には優勝で、ベスト4経験も2度。21世紀枠の県推薦校にも、2004年と2013年に選出された。また、この間、同校からは後藤光貴（元・西武ほか）、牧田明久（元・楽天）、梅田尚通（元・西武）と3人のプロ野球選手も生まれている。

その原動力となったのは、1990年に就任した八力昌輝監督（現・羽水監督）の存在だろう。福井県内では手腕を高く評価されている指導者で、現在、鯖江を率いるOBの見延陽一監督の恩師になる。見延監督は、八力監督の指導を次のように語ってくれた。

「選手をノセて成長させることに長けていた監督でした。よく選手を見ているというか。牧田（明久）も『自分は鯖江で八力監督の指導がなければプロになれなかったと思う』と話していましたね。もともとは昔ながらのスパルタ指導をしていたようですが、なかなか結果を出せず、試行錯誤の末に、そのような指導に行き着いたそうです」

ちなみに現在、八力監督が指導している羽水は、もともと野球の実績が少ない高校だったが、就任後、2013年春、2016年秋とベスト4に進出している。

話は変わるが、鯖江のある鯖江市は少年野球が盛んな地域である。近年では2012年に、小学生の全国大会「高円宮賜杯全日本学童軟式野球大会」、いわゆる「マクドナルド・

トーナメント」で市内の鳥羽野球部が全国優勝を果たした。また、市内の中学硬式野球クラブ「鯖江ボーイズ」はボーイズ・リーグの強豪として知られており、東出輝裕（元・広島）、天谷宗一郎（元・広島）、林啓介（元・ロッテほか）、岸本淳希（元・中日）らプロ野球選手を輩出。ちなみに4人は出身も鯖江市である。また、2019年のドラフト候補でもある横浜（神奈川）の小泉龍之介も、出身は越前市だが、中学時代は鯖江ボーイズでプレー。鯖江には福井県の中でも有数の好選手輩出エリアという歴史があるのだ。

そう考えれば、八力監督のもと「地元から甲子園へ！」と考える選手たちで、一度くらいは甲子園に出場していそうなのだが……そこは鯖江が公立の普通科校であることが影響している。鯖江は鯖江市の中心的普通科高校であり、生徒の多くは大学進学を希望する。福井県の進学校トップ3とされている藤島、高志、武生ほどではないが、入試ハードルは低くない。入部希望の選手が全員、進学できるとは限らないのだ。加えて鯖江市は福井市にも敦賀市にも電車で通学しやすい立地。中学生の進路選択肢は幅広い。その環境の中、限られた選手たちを鍛え、鯖江は上位進出をし続けてきたのだ。

そして現在の鯖江だが、成績だけ見ると上位進出ペースはやや鈍っている。

「八力監督の指導を受けていたはずなのに、私も最初はスパルタ的な練習を課してしまったんですよ。それで結果が出ず、指導方針を変えて……」とは見延監督の弁。若さゆえの空回り。今は口を出しすぎず、教えすぎず、選手をじっくりと観察。八力監督のように、選手の自主性を引き出すことを意識している。さらに近年は、選手の肉体、体力強化も重要と、オフになったら一定の時期、体を大きくするために、練習は2勤1休にしてフィジカルトレーニングのみに取り組む。過度な走り込みなど、むやみにハードな練習は、せっかく筋トレや食事の効果で大きくなりつつある体を削ってしまう。体を大きくするには休養も大事、という考え方からだ。キャッチボールやノックも、惰性でやる練習に意味はないと、常に実戦を意識した方法に取り組んでいる。従来の高校野球の常識からすれば大胆な方針も多いが、これからの時代にマッチしていそうな感もある。

さらに、学校自体も大きな変革を控えている。県立高校の再編で、2020年度に同じ市内の丹南と統合し、新・鯖江高校として生まれ変わるのだ。普通科内には新たに「スポーツ・福祉コース（仮称）」「IT・デザインコース（仮称）」が設置され、国公立大への進学指導を強化した「探求科（仮称）」も新設される予定。今よりも入学する生徒の幅と受け入れる余地が広がる可能性は高い。少子化の時代、鯖江も現在は選手の数が1、2年生合わせても20人に満たない。この学校の変革は吉と出るか。

# 「高専初の甲子園出場」は甲子園に残された数少ない偉業。候補最右翼【近大高専】の課題

甲子園の長い歴史は、数々の快挙達成の歴史でもある。残された偉業は「東北勢の優勝」「夏の完全試合」など、そう多くはない。そんな中、まだ達成されていないのが「高専初の甲子園出場」である。

高専——いわゆる高等専門学校は5年制の高等教育機関で、工業など理系教育が主。入学資格は基本的には中学卒業ということで、高校とともに中学生の進路の一つとして定着している。高専には独自の硬式野球部の大会やリーグ戦もあるが、高野連に加盟すれば1年から3年は甲子園を目指すことは可能だ（ただし、高専の大会には出場できない）。ただ、高専のほとんどが国公立で、本来の目的である「職業に必要な高度で専門的な知識を習得する」が第一義ということもあり、運動部がそれほど盛んではないケースが多く、これまで甲子園

出場を果たした高専はない。

現在、全国の高専で、もっとも甲子園を期待できるのは、三重県名張市にある近畿大学工業高等専門学校、通称・近大高専だろう。近年、継続して県上位に食い込み続け、春ではあるが、2012、2017年には県大会優勝も果たし、2012年は東海大会でも準優勝。プロ野球選手も輩出している。校名のとおり、学校は近畿大のグループ校。高専としては珍しい私立校で、かつ近畿大学が大学野球の強豪であることもあり、高専でありながら野球部も強化を図っている。部員数も3学年で100人近くなる年もある。

以前の校地は同じ三重県の熊野市。創立時は熊野高専という名だった。近畿大は1943年、大阪理工科大として開学したように、もともと理系教育に熱心である。さらに大学創設者である世耕弘一・近畿大初代総長が熊野市に隣接する和歌山県新宮市出身という縁もあって、学校誕生に至った。ちなみに新宮市には近畿大の付属校、近大新宮もある。

その後、2011年に現在の名張市に移転。もともと皇學館大のキャンパスだった校地は広大で、野球部グラウンドもあり、大勢の部員が日々、汗を流している。部員の多くは寮生活。出身地は京都、大阪、奈良などの近畿圏が6割、三重が3割、そのほかが1割という割合。ただ、名張市は近鉄沿線の街であり、大阪のベッドタウンとして発展している。

大阪難波駅までは特急だと約50分。一般生徒も近畿圏出身者が少なくない。

「理系で授業数も多いですし、カリキュラムの影響で授業が終わる時間も学年や選手によってまちまち。最初の印象は、やはり高校というよりも大学だな、でしたね」と語るのは、2018年11月に就任した重阪俊英監督だ。1982年生まれ、大阪の強豪・上宮から近畿大に進み、卒業後、母校の大学職員や近大新宮の監督などを務めてきた。近大新宮の監督時代の教え子には中後悠平（DeNA）がいる。

「赴任してきてあらためて驚きましたが、高専の就職率はすごく高いんです。ありがたいことに、数字にすると1人あたり約11社から求人がきます。野球も一生懸命できて、その後の就職も期待できるのは、親御さんが安心できる点であると考えています」

部員不足に悩む野球部も多い昨今、うらやましく思う関係者もいるだろう。だが、一方で高校野球に関していえば高専特有のデメリットもあるという。

「5年制だからだと思うのですが、選手が少しのんびりしているように見えます。一般的な高校なら最後の夏は、卒業の年。自然と進路や今後の生き方を考えますよね。それは何かを決意したり腹を決めたり、精神的に大きく成長できるチャンスでもある。ところが高専だと、基本的には3年の夏が終わってても2年あるので、そういった機会が1つ失われてしまう」

なるほど、5年という時間が確約されているのは、じっくりと、あるいはのびのびと物事に取り組めそうだが、2年半というリミットがある高校野球の世界では、デメリットになることもあるわけだ。

ちなみに、現在の近大高専の礎を築いたのは伊藤康弘前監督だが、その野球は力強い選手たちによる豪快な攻撃野球が特徴だった。それは、ある意味、高専という環境に合った野球だったのかもしれない。そこにあと少しの粘り強さ、いわば、ピンチで踏ん張れる精神的な強さを身につけられれば、甲子園出場のチャンスはじゅうぶんある。

「今後は伊藤監督のチームのよさは引き継いで、もう少し王道的な高校野球らしさを加えられたら、と思っています。技術だけではなく、チームの一体感なども含めて。その点では、学校に残る4年生、5年生の経験や知識も力にできるはず。そういったスクールメリットも活かして甲子園を目指したいです」

「初モノ」は世間にインパクトを与えることが多い。近大高専が甲子園の地を踏むときは、きっとハイブリッドな「高校野球＋高専野球」を見せてくれるに違いない。

# 〝ハンパない〟大迫の母校【鹿児島城西】は悲願校ポイント全国２位と野球部の「悲願度」もハンパない

スポーツ好きの多くは、鹿児島城西と聞けばサッカー部を想像するかもしれない。２０１８年のサッカーW杯ロシア大会で〝ハンパないって〟というフレーズとともに大活躍した大迫勇也はOB。彼を擁した２００９年の高校選手権では準優勝を果たしている。

そんな鹿児島城西は、野球部も鹿児島では長い間、上位進出校のひとつとして知られている。夏の鹿児島大会における初の決勝進出は１９５８年。以降、夏は１９８８、２０００、２００９、２０１５年と合計6度、準優勝。秋は１９７２年と１９９９年に優勝。２００９、２０１１、２０１４、２０１５年には準優勝。１９８１年には3位で九州大会には計7度出場。２００９年には宮崎日大、２０１４年は光陵を相手に勝利も記録している。

春も2012年に優勝しており準優勝も5度。4強、8強は各大会、数え切れないほど。細山田武史（元・DeNAほか／現・トヨタ）、中原大樹（元・ソフトバンク）とプロ野球選手も生まれている。2人以外にも、1960年代からプロ野球選手を輩出。野球部が古くから熱心に活動し続けていることがうかがわれ、いわばかれこれ60年近く、甲子園寸前で行く手を阻まれている高校と言っていい。実際、P133の全国悲願校ランキングでは2位。鹿児島県を飛び越え、全国屈指の〝ハンパない〟悲願校である。

学校を経営するのは学校法人日章学園。その名のとおり、2019年の選抜にも出場予定である宮崎の日章学園は、同じ学校法人である。思えばこの日章学園も、宮崎では優勝候補といわれながら甲子園初出場まで時間がかかった元・悲願校。余談だが、1972年、鹿児島城西が選抜を目指し、初めて臨んだ秋季九州大会の準々決勝で敗れたのは、日章学園の前身である宮崎実だった。当時、鹿児島城西は照国という校名で、別の学校法人が経営。なんとも不思議な縁である。ちなみに、その大会で宮崎実は優勝。甲子園行きが決定的となったが、大会前に学校職員の不祥事で推薦を辞退。結局、甲子園初出場は、日章学園と校名が変わった2002年の夏まで待つこととなる。なんというか、「悲願校」というより「悲願学校法人」とでも呼びたくなるようなエピソードだ。

ともあれ、このように長い間、甲子園をつかめなかった鹿児島城西だが、2018年春に大きな変化が訪れた。監督にプロ野球のダイエー（現・ソフトバンク）などで活躍した名選手・佐々木誠氏が就任したのである。佐々木監督は、2017年シーズンまではソフトバンクの3軍監督。退団後、「大学や高校でも指導してみたい」という希望があり、縁あって鹿児島城西の監督就任が決まった。プロだけではなく、社会人野球の監督も経験。アマチュア野球の一発勝負の厳しさ、怖さも経験している。鹿児島城西にとって、まさに「切り札」的人事。ただ、初めての高校生の指導は、戸惑いもあったという。

「野球を教える、という点での差はありませんが、相手は高校生。『できなくて当たり前なんだ』と、選手と同じ目線になることが必要だと感じました」

佐々木監督が指導で心がけているのは「卒業するとき『鹿児島城西の野球部員でよかった』と思ってもらえること」だという。すなわち、「野球が楽しい、早くグラウンドに行きたい」という気持ちに選手がなれることだ。

「それもレギュラーだけではなく、部員全員にそう感じてほしい。だから、チャンスは全員に与えます」

「楽しい」ということは、自ら進んで野球に取り組めている証し。それがチームのレベルアップ、そして初の甲子園にもつながると考えている。

「甲子園をかけた試合で鹿児島実や樟南に勝てない理由には、名前負けもあると思います。どんな相手でも、どんなピンチでも力を発揮できるかは、自分を信じ切れるか次第。それは、自分で自分を追い込むことで養われます」

「自分で自分を追い込む」とは、自ら野球に取り組む＝野球を楽しいと思えることとイコール。現役時代の佐々木監督は、ドラフト最下位指名でプロに入り、トップ選手に上り詰めた、いわば「叩き上げ」の選手。新人時代、「4年目までに一軍出場する」と自分を追い込み、率先して練習に取り組んだ結果、トップ選手となった。その言葉には説得力がある。

「ただ、私の場合は、最後は追い込みすぎてケガをしたことが引退につながりましたからね。今は選手たちがオーバーワークにならないようにも気をつけています」

限られた時間でどう鍛えるか考えるのも「追い込み」だと、全体練習は2、3時間程度と短い。旧態依然とした体育会の雰囲気は好みではないという。

「野球、楽しいですよ。高校野球の監督は大変でしょ、と言われるけど全然、そんなことない。毎日が楽しい」とハッキリと言い切る監督。その姿こそが、甲子園初出場を目指し、もがく鹿児島城西の選手たちにとって、一番の学びになるのではないだろうか。

# 「新興悲願校」は近未来の甲子園常連？歴史の新しい各地区の有力校

ひと言で悲願校といっても、地区によって「性格」は異なる。一般的には野球部の歴史もそれなりで、地区内での実績もじゅうぶんという高校が該当する。しかし、これといった悲願校がなかったり、立て続けに悲願校が「卒業」した地区では、結果的に「甲子園未出場だが、近年、躍進してきた」あるいは「近年、野球部強化を進め、成果が出始めている」といった高校が、悲願校のポジションに収まることもある。こうした高校は、本来、悲願校よりも「新興校」として扱うべきだと思っている。そこで逆に、悲願校ではなく、そういった「甲子園未出場の新興校」だけをピックアップしてみたのが次の一覧だ。

士別翔雲（北北海道） 立命館慶祥（南北海道） 弘前東（青森） 水沢（岩手） 秋田修英（秋田）
山形城北（山形） 聖和学園（宮城） 東日大昌平（福島） つくば秀英（茨城） 石橋（栃木） 伊

勢崎清明（群馬） 川越東（埼玉） 千葉黎明（千葉） 駿台学園（東京） 聖パウロ学園（西東京） 星槎国際湘南（神奈川） 甲府城西（山梨） 磐田東（静岡） 誉（愛知） 麗沢瑞浪（岐阜） 近大高専（三重） 北越（新潟） 松本第一（長野） 富山東（富山） 飯田（石川） 金津（福井） 綾羽（滋賀） 塔南（京都） 関西中央（奈良） 和歌山東（和歌山） 大冠（大阪） 三田松聖（兵庫） 岡山県共生（岡山） 尾道（広島） 米子西（鳥取） 島根中央（島根） 熊毛南（山口） 大手前高松（香川） 徳島科技（徳島） 聖カタリナ（愛媛） 梼原（高知） 光陵（福岡） 神埼清明（佐賀） 長崎総大付（長崎） 日本文理大付（大分） 熊本国府（熊本） 宮崎学園（宮崎） 鹿児島情報（鹿児島） 未来沖縄（沖縄）

＊北から南の順

もちろん適した「新興校」がないため、結果的に地区を代表する悲願校が該当するケースもあった。また、同じような新興校ポジションの高校が複数ある地区は、実績や強化を始めた時期などを考慮して独断で選出。学校や野球部の歴史自体は古くても、野球部の強化は近年、という場合は「新興校」として扱っている。

印象に残るのは関東。埼玉は山村学園や星野、千葉は千葉明徳、神奈川は橘学苑など選出したい私立の新興校が他にもあって悩んだ。さすがは激戦区である。

愛媛は、いかにも「新興校」的印象だった松山聖陵や済美などが甲子園を経験済み。そこで創部間もないが成果を出している聖カタリナを選出した。愛媛はブランク校のパートで（P070）松山商の低迷に触れたが、新興校の充実は、その状況の裏返しかもしれない。

そこで、もし甲子園出場校が済美や松山聖陵のような「甲子園出場済み新興校」だけだったら？　と各地区を調べてみた。条件は、「甲子園初出場が2000年以降で、その後も甲子園出場がある」「複数の高校が該当する場合は、なるべく初出場が最近の高校を選ぶ」の2点。前者はフロック的に甲子園に出た高校の選出を防ぐため。より正確に「新興校」が選ばれるようにした。結果は以下の通りだ。

白樺学園（北北海道）　鵡川（南北海道）　該当校なし（青森）　該当校なし（岩手）　大曲工（秋田）　山形中央（山形）　利府（宮城）　聖光学院（福島）　水城（茨城）　該当校なし（栃木）　健大高崎／前橋育英（群馬）　本庄一（埼玉）　中央学院（千葉）　該当校なし（東東京）　該当校なし（西東京）　桐光学園（神奈川）　該当校なし（山梨）　常葉大橘（静岡）　至学館（愛知）　大垣日大（岐阜）　いなべ総合（三重）　該当校なし（新潟）　上田西（長野）　富山第一（富山）　遊学館（石川）

坂井（福井） 滋賀学園（滋賀） 京都翔英（京都） 奈良大付（奈良） 該当校なし（和歌山） 金光大阪（大阪） 明石商（兵庫） 創志学園（岡山） 広島新庄（広島） 鳥取城北（鳥取） 立正大淞南（島根） 下関国際（山口） 英明（香川） 小松島（徳島） 松山聖陵（松山） 該当校なし（高知） 自由ケ丘（福岡） 神埼（佐賀） 清峰（長崎） 明豊（大分） 秀岳館（熊本） 聖心ウルスラ（宮崎） 神村学園（鹿児島） 糸満（沖縄）

＊北から南の順

坂井は前身である春江工時代の選抜出場もカウント。健大高崎と前橋育英は甲乙つけがたいので2校選出した。その健大高崎や前橋育英、聖光学院、遊学館、大垣日大、神村学園など、すでに常連校的な高校もあるが、一方で今後の出場が楽観視できない高校もある。特に小松島、神埼、糸満は、教員である監督の異動も影響していそうで、公立新興校の特徴というか難しさを表していると感じる。

# 目指すは下北半島初の甲子園。同じ県内なのに決勝会場まで2時間半!【大湊】は亡き指揮官の遺志を継いで

本州の「テッペン」、青森県の下北半島は、県都である青森市へはクルマを飛ばしても約2時間半。同じ県内だが、まるで隔離されたような場所に位置する。土地は火山灰によって形成されたローム層がほとんどで、農業に不向きである上に、本州最北端の地。寒さも厳しい。下北半島といえば死者と交信するイタコが有名な恐山信仰でも知られているが、「死の世界」のイメージ形成には自然環境も影響したという。

そんな下北半島には、40年も前から「下北半島から甲子園」を合言葉に戦い続けている悲願校がある。それが下北半島の中核都市・むつ市の県立大湊高校だ。

過去の戦績をまとめても1989年秋の県大会優勝を皮切りに、東北大会は6度出場。選抜あと少しまで迫り、21世紀枠の県推薦校には3度選出された。夏も県ベスト4が4回で、

２００９、２０１６年は準優勝。春も１９９２年に県を制している。集まる選手が限られる公立校、練習試合に出向くにも大変なこの土地でこの成績はなかなかだろう。

「今は１、２年生合わせて25人。やや少なく感じられるかもしれませんが、私たちの頃も１学年15人くらい。大幅に減っているわけでもないんですよ」と話すのは飛内尚人監督だ。過疎化と少子化は進むが、大湊の部員数は危機レベルには達していない。

「野球が盛んな地域ではありますが……盛んというよりも田舎でスポーツの選択肢があまりなく、何かやるなら野球、というケースが結果的に多いのかもしれません（苦笑）」

ならば、大湊の強さの秘密は何だろうか？

「こう言っては何ですが……目新しい練習や取り組みはないんですよ。ヘタクソで打球を捕れなくても体で止める。派手さはないが、気持ちと一球を大事にする古い野球です」

データサイエンスなどを積極的に導入する高校も珍しくなくなった現代の高校野球。だが、その潮流も大湊とは現状、ほぼ無縁だ。

「正直なところ、私も前任の監督である工藤も、悩む時もあります。何か特別なことをしなくてはいけないのではないか、と。でも、これが大湊の野球なんだって」

前任の工藤公治監督（現・青森北監督）も飛内監督も大湊ＯＢである。高校時代、２人はバッテリーを組んでいた間柄、つまり、同じ師に教えを受けていた。その師が大湊野球部の歴史において欠かすことのできない人物、故・富岡哲監督である。

富岡監督も大湊の野球部出身。1977年、日大を卒業してすぐに監督となった。家業であるタクシー会社と旅館を営みながらの指導者生活。旅館は、のちに遠方から通学する部員の寮にもなった。「下北半島から甲子園へ」というスローガンを掲げ、生活のすべてを大湊野球部に捧げた人生。「敵は己」と下北出身の選手たちを鍛え上げ、3年目の秋には県大会準優勝。大湊を実力校に育てあげた。だが、上位進出を重ねている最中の2005年、富岡監督は49歳の若さで、病気のため惜しまれつつこの世を去る。

「よく〝富岡監督から学んだことは?〟と訊かれるのですが、技術的なことはほとんど教わっていないんです。学んだのは野球に取り組む姿勢や生き方。試合よりも練習での態度を大事にされ、キャッチボールでも一球をおろそかにすると厳しく指導されました」

どんな時も全力疾走、苦境に陥っても下を向かず、アグレッシブに相手に向かい続ける。そんな姿勢の「下北魂」こそが富岡野球の真骨頂。

「八戸学院光星や青森山田の選手のような高度で華麗なプレーはマネしてもすぐにできるものではない、と話していました。厳しい環境で生活してきた下北の人間は、青森のほかの地域の人間よりも我慢強く、粘り強い気がします。そこが強みだから、ウチの選手には富岡監督の野球が合っていたのかもしれません」

野球エリートたちに名前負けせず、しつこく食らいつく、いい意味での根性野球。強豪に同じ野球でぶつからず、自分たちの強みから勝機を見出す。下北半島に「甲子園は叶わない夢ではない」という希望を与えたことが、富岡監督が残した最大の功績かもしれない。

その情熱は工藤監督や飛内監督に受け継がれ、大湊に野球の火を灯しつづけている。2016年の夏にも、大湊は青森山田、八戸工大一、弘前学院聖愛と私立有力校を次々と倒し、青森大会決勝に進んだ。決勝こそ八戸学院光星に大差で敗れたが「下北の選手たちだけでもやれる」ということを、あらためて地域の子どもたちに示した。

「人間的にも温かく面倒みがよい人で……葬儀の日には市内のホテルが今までにないくらい宿泊者で一杯になったほど。今、指導していても、いろいろな方が〝富岡監督に世話になったから〟と助けてくれるんですよ」

夢は信じていれば必ず叶う。それを愚直に信じて戦う姿こそ「下北魂」であり、大湊らしさ。もちろん、時代の変化に合わせ、新たな取り組みを始めることもあるだろう。だが、根本にある「下北魂」は、きっと変わることはないはずだ。

# 決勝敗退4度で卒業の【遠軽】だが、21世紀枠で隣の新興校が先に甲子園。「先に行くのはオレらだべ！」

遠軽は、2013年春の選抜に出場した高校である。つまり、現在は悲願校ではない。だが、どうしても伝えておきたいことがあって、ピックアップした。遠軽が位置するのは北海道の北東部、紋別郡遠軽町。行政的にはオホーツク総合振興局（旧・網走支庁）に属する。野球部は、北海道内の高校野球の地区分けである支部分けでは、北見支部の所属、夏の49地区だと北北海道地区を戦う。遠軽町はオホーツク総合振興局では中心的な自治体であり、2005年には周辺の2町1村と合併して新・遠軽町となり、人口は約2万人。交通の要所でもある。

遠軽は1940年に創立。歴史的に町立として開校、のちに道立に移管したという経緯もあって、「地域を代表する高校」的なポジションにあり、部活動も盛んな高校として歴史を積み重ねてきた。当然ながら地元にはOBも多い。野球部も、もともと野球が盛んな地域でもあったことから、支部では実力校であり続け、定期的に北見支部予選を勝ち抜いて北海道大会へも出場。そして2000年代に入ると、上位進出が増え始める。

2002年春には初の北海道大会準優勝。すると2005年夏には北北海道大会でも初の決勝進出。甲子園初出場はならなかったが、雪辱の気持ち強く翌2006年夏も決勝進出。相手は遠軽と同じく、当時、まだ甲子園出場のなかった白樺学園。お互い初出場をかけて戦ったが1対9で力及ばず。この決勝でリリーフ登板をした2年生右腕・西村優希は、翌年のドラフトで巨人に育成2位で指名された（2010年退団）。また、2011年には選抜の21世紀枠候補校にも推薦されたが、選出は叶わなかった。それにもめげず、2011年夏、3度目の北北海道大会決勝に進出。だが、再び白樺学園の前に屈してしまう……。

そんな遠軽に、さらなる悔しいニュースが届く。

その年の秋、北海道大会に出場、2回戦で白樺学園に9対10で惜敗した女満別が、翌2012年春の選抜の21世紀枠に選ばれ、甲子園初出場が決まったのだ。

女満別のある網走郡大空町は、遠軽町と同じオホーツク総合振興局の自治体。野球でも同じ北見支部の間柄だ。ただ、1954年創部も部員不足で休部状態だった時期もあり、実績を残し始めたのは当時の指揮官、鈴木収監督が就任した2005年以降だった。

つまり遠軽は、自分たちが何度挑戦してもつかめなかった甲子園を、よりによって近所の身近な新興校に先を越されてしまったのである。それも21世紀枠という、自分たちが前年に逃した、ある種の幸運をつかんで。嗚呼、なんたる運命のいたずら。

無論、女満別ナインには何も罪はない。過疎化が進む地域の小規模校ながら、2010年秋から4季連続で北海道大会、北北海道大会本戦に出場。遠軽が決勝で敗れた2011年夏も北北海道大会でベスト4。冬には高齢者世帯の雪かきをボランティアで行うといった地域貢献活動も認められての21世紀枠出場。エース・二階堂誠治は140キロ台の速球が武器の好投手だった。何も恥じることのない、立派な甲子園出場である。

ただ、何もそれが遠軽のそばの高校でなくともよかったじゃないか——。遠軽だって女満別のような小規模校ではないが、過疎化が進む北の街で、極寒の中、練習と地域貢献活動に励む地域に根ざした高校である。私は当時、そんな思いとともに、女満別の甲子園出場が決まった際、真っ先に遠軽ナインのことが頭に浮かんだ。彼らはいったいどんな気持ちで、女満別の初出場のニュースを聞いているのだろうか……と。

まあ、これは私個人の勝手な思いである。遠軽ナインはきっと、同支部のライバルに拍手を送ったことであろう。そして「次は自分たちも」と闘志を新たにしたはずだ。なぜなら遠軽は……なんと同年、２０１２年夏も北北海道大会で決勝進出を果たしたのである！だが、４度目の挑戦となった決勝も、２００５年夏に敗れた旭川工に再び敗戦。これで初の夏の決勝進出から10年で４度の決勝敗退。選手や関係者の気持ちを考えると、胸が締めつけられる。運命は、野球の神様は、ときになぜこうも残酷なのか……。ところが、こんな悲運にも負けず、遠軽は２０１２年秋も北海道大会でベスト４に進出。優勝した北照に5対7と好ゲームを演じた。それが評価され、再び21世紀枠の推薦校に選ばれる。

そしてついに、遠軽のもとに吉報が届く。２０１３年１月25日、21世紀枠での選抜出場が決定。遠軽はついに初の甲子園をつかんだ。選抜では１回戦で「21世紀枠対決」となった、福島・いわき海星戦に3対0で勝利。２回戦で大阪桐蔭に１対11と大敗したが、初出場で初白星をマーク。21世紀枠出場の悲願校としては上々の結果だろう。

ちなみに、遠軽の21世紀枠選出は、女満別に続き北海道から2年連続となる同枠選出である。同地区の2年連続選出はよくあっても単独の都道府県の高校が2年連続で選出される例は少ない。もしかして、選考には前年の「遠軽の悲運」も若干、影響していたのではないか……なんて妄想もふくらむほど劇的な「悲願」成就であった。

# 東京実

## 【東京実】の華麗なる〝大物食い〟遍歴

### 首都を代表するアップセッター。「帝京キラー」の異名も付いた

東京の代表的悲願校といえば、東なら東海大高輪台、西なら日野だが、どうしても触れておきたい、もうひとつの悲願校がある。東東京の東京実だ。夏の東東京大会での決勝進出歴はない。ベスト4は3回、ベスト8は5回。秋春はベスト8が最高成績だ。だが、東京の高校野球ファンであれば知っているはずだ。東京実が「大物食い」として強豪校から恐れられてきた高校であることを。

特に1996年夏は、エース・白木隆之を筆頭に、前年夏、全国制覇をしたメンバーが主力で、春の選抜にも出場していたチームに勝ったことで名をはせた。さらに、2003年夏にも優勝候補筆頭だった帝京を5回戦で退けたことで、「東京実＝アップセッター」というイメージが定着。「帝京キラー」という異名も付いた。

現在、そんな東京実を率いるのは就任38年目の山下秀徳監督。１９５７年生まれ、宮崎県出身。宮崎の古豪・高鍋から日体大と野球部に所属。教員を志し、桜美林で講師を務めたあと、１９８１年4月に東京実へ。赴任と同時に監督となって今に至る。

「大物食い、ということは、チームとしては力が劣るが、結果的に勝った、ということ。自分としては悔しいし、複雑な気持ちもありますね（苦笑）」

「大物食い」と呼ばれることへの感想をそのように語ってくれた山下監督。目の前のグラウンドには練習に励む選手たち。

練習グラウンドは東急多摩川線・鵜の木駅から近い多摩川の河川敷にある。選手たちは授業が終わると大田区の蒲田駅にある校舎から電車や自転車で移動。グラウンドは、ライトのすぐうしろを多摩川が流れている。ホームからの距離は70メートルほどだろうか。

「以前はもっと広くてブロック予選の公式戦も行っていたんです。でも新たに防災道路ができて狭くなったんですよ」

よって、基本的にフリー打撃は竹バット。金属バットを使うときは人の少ない時間を見計らって、外野からホームに向かって打つ。雨天練習場はなく、雨が降ったら多摩川を渡る道路や線路の橋の下でバットを振る。狭くても専用球場があるだけ恵まれているが、それでも贅を尽くした野球強豪校の練習施設に比べると設備はさびしい。

指導体制も、現在はOBのコーチがいるが、それ以前は、すでに定年退職した部長と2人だけでチームを見ていた。だから、選手のスカウティングも基本的になし。

「そんな時間の余裕はなかったし、発想もなかったんですよ」

近年こそ、コーチや新たに就任した若い部長の力もあって、少しずつスカウティングも考えるようになったが、それまでは「毎年、4月にならないとどんな選手が来るかわからない」といった状態。それでも、山下監督の指導力や学校の面倒見のよさがOBや周囲の人を通じて自然に伝わり、一定の力を持つ選手が入学するようになった。学校も部活動の活発化を奨励しており、現在、野球部は強化指定部のひとつになっている。

こうした環境ながら強豪を倒す原動力となるのが機動力と守備。足と守りにスランプなしと昔から力を入れている。特に機動力はランニングフォームから細かく指導。能力が突出する選手がいない年でも、水ものの打撃が鈍い日でも、「足攻」は常に威力を発揮する。

そして、山下監督がもっとも気に掛けているのが「結束力」。スカウティングをしないチームだけに、個々の能力、技術には年によってバラツキがある。しかし、精神面、チームワークであれば実力あるなし関係なく高められるポイント。まとまったときの安定感は、走塁と同様、スランプのない強みになる。与えられた環境の中でできることを追求する。それが東京実の歩んできた道だ。

さらに、話の中で興味深い言葉もあった。「大物食い」をしたり、都上位まで勝ち進むときは、「不思議とちょっとヤンチャな選手が活躍する」のだという。

東京実は「実」の校名どおり、実業系の高校である。昔から進学志向の強い首都・東京において、実業系の高校を選んで進学してくる生徒の中には、ヤンチャな生徒も少なくなかった。今でこそ温和な印象しかない山下監督だが、若き日はそんな負けん気の強い選手と、まるでケンカでもしているかのごとく、ノックで「戦う」こともあった。

「私が激しくノックを打てば、選手も〝まだまだ!〟と気合いを入れて私にちょっとずつ向かってくる。気がつけば至近距離まで2人の間が詰まっていったりしてね（笑）」

力で劣っても臆することなく攻め切る。そんな指導で育まれた、反骨心の強い選手のエネルギーも、強豪校との実力差を埋めた。これらの要素がすべて試合に向かうと、下馬評を覆し、試合の流れを変える大きなうねりとなる。それはただのウェーブではない。山下監督がていねいに育ててきた守備と走塁というベースの上にできる骨太なウェーブ。

「大物食い」は、決してフロックではないのだ。

# 春しか出られない！「夏限定悲願校」。過ごしやすい秋には強いが暑さに弱い？

本書における悲願校は、「春夏通じて甲子園出場なし」が条件だが、当然ながら甲子園出場歴が「春のみ」「夏のみ」という高校も存在する。P010でも述べたが、一度でも甲子園に出場できた高校は、甲子園未経験校に比べれば幸せだ。だが一方で、「高校野球の本番は夏」という意識を持つ選手や関係者、ファンも少なくない。ほぼすべての高校球児にとって、3年生最後の大会、集大成の夏。選考というあいまいな出場経緯ではなく、「勝った者が強い」最強決定戦。甲子園＝夏という感覚は理解できる。ゆえに甲子園出場歴も「夏に出場してナンボ」という感覚が見受けられるのもたしか。そこで、ここでは「夏のみ甲子園出場経験なし」という悲願校、すなわち「夏限定悲願校」をピックアップしてみる。

遠軽（北北海道）　鵡川（南北海道）　弘前（青森）　不来方（岩手）　大曲農（秋田）　酒田東（山形）

石巻工（宮城）　安積（福島）　土浦湖北（茨城）　真岡工（栃木）　市太田（群馬）　鷲宮（埼玉）　千葉商大付（千葉）　安田学園（東東京）　世田谷学園（西東京）　鎌倉学園（神奈川）　日大明誠（山梨）　富士宮北（静岡）　一宮（愛知）　長良（岐阜）　該当校なし（三重）　佐渡（新潟）　地球環境（長野）　該当校なし（富山）　該当校なし（石川）　該当校なし（福井）　大津商（滋賀）　峰山（京都）　法隆寺国際（奈良）　日高（和歌山）　浪速（大阪）　三田学園（兵庫）　興譲館（岡山）　市呉（広島）　米子北（鳥取）　邇摩（島根）　防府（山口）　高松西（香川）　海部（徳島）　新田（愛媛）　中村（高知）　東筑紫学園（福岡）　伊万里商（佐賀）　該当校なし（長崎）　該当校なし（大分）　八代工（熊本）　鵬翔（宮崎）　尚志館（鹿児島）　美里工（沖縄）

＊北から南の順

現在は「なぜ夏になるとこんなにも勝てないのか」と驚愕してしまう経歴の高校は少ない。ただ、少し前には「大物」がゴロゴロいた。

まずなんといっても東東京の二松学舎大付。２０１４年に夏初出場を果たしたが、それまでの選抜出場回数が４回で準優勝歴まである。なのに、どうしても夏の甲子園には手が届かなかった。夏の東東京大会の決勝では１９７１年から数えて10連敗、特に、２００２年から２００４年は３年連続、決勝で涙をのんだ。「あと一歩で夏の甲子園に届かないにもほどがある」とでも言いたくなる「呪縛」。その「呪縛」を解くと、そこからは２０１７、２０１８年と2年連続で夏の甲子園に出場と、10連敗がウソのような戦いぶり。勝負事とは不思議なものである。

同様に、西東京の国士舘もかつては「大物」だった。夏の決勝敗退数こそ二松学舎大付に及ばないが、２００５年に夏の甲子園初出場を決めるまで、選抜出場回数は7回でベスト4も2回経験。こちらは「秋だけに強いにもほどがある」という様相だった。その後の甲子園出場も春1回のみ。現在のところ甲子園出場歴は「春8回」「夏1回」とかなりいびつである（春は２０１９年の選抜で9回目になる予定）。

両校には及ばないが、そのほかにも神戸国際大付、霞ヶ浦などが、かつては「どうしても夏に出られない」不思議な高校であった。特に霞ヶ浦は、２０１５年に夏初出場を決める前、２０１４年、２０１３年、２０１１年、２０１０年、２００８年と、わずかな期間で5度も茨城大会決勝敗退。なんとも気の毒だった。蛇足ながら夏の甲子園初出場後の２０１７年も茨城大会の決勝で敗退している。

では、現在はどうか。印象ならば選抜準優勝経験もある新田は少し意外か。選抜出場回数では三田学園が4回とトップ。ただ、最後の出場が１９９１年。低迷が続いているため印象がやや弱い。回数で続くのは鵡川、一宮、日高が3回。ちなみに一宮は選抜準優勝経験もありながら夏の出場ナシということで選出したが、同じ愛知県では選抜出場1回ながら、夏の愛知大会決勝戦で6度敗退、2012年、2014年も準決勝で敗れ、いまだ夏の出場ゼロの豊田西も選びたかった。

奇妙な縁を感じるのは静岡県。富士宮市に位置する富士宮北は選抜2回、富士宮西は選抜1回、それぞれ甲子園出場歴があるのだが、夏はともにナシ。つまり富士宮市は、市内の高校が3度選抜に出場しているのに夏は1度も出場していないということで、富士宮北を選出した。

また、この「夏限定悲願校」は、調べる過程で「この高校、甲子園に出ていたんだ……」という事実にも気づかされる。「個人的に」ではあるが千葉商大付、長良、選出はしなかったが、野洲もそんな印象が強い。

「夏限定悲願校」には早く壁を乗り越え、夏の歓喜も味わってほしいものである。

## 近年のOBプロ野球選手は7人！
## 茨城の人材輩出校【つくば秀英】。
## 試合には弱いが選手育成は得意

# 悲

願校にはいろいろなタイプがあると前述したが、ここで紹介する高校は、「ユニーク悲願校」の典型タイプである。どんな点がユニークなのか？　まずは以下の試合結果を見てほしい。

２０１８年秋　２回戦　●１対8　水城
２０１８年夏　３回戦　●８対9　下館工
２０１８年春　３回戦　●０対7　明秀日立
２０１７年秋　２回戦　●２対4　水城
２０１７年夏　４回戦　●０対10　霞ケ浦

２０１７年春　１回戦　●１対８　霞ケ浦
２０１６年秋　準々決勝　●１対６　水城
２０１６年夏　２回戦　●２対４　常磐大高
２０１６年春　地区予選敗退
２０１５年秋　１回戦　●１対２　石岡一

これは茨城県にある、つくば秀英という高校の、秋春夏の各県大会、直近10大会の成績である。本書で取り上げるのは「甲子園出場の一歩手前で何度も敗退」「秋春は強いのに甲子園がかかる夏になると弱い」「都道府県内では実績のある高校なのに、なぜか甲子園と縁がない」といった高校。しかし、つくば秀英の戦績は、ご覧のとおり、弱いわけではないだろうが、特別、強いというわけでもない。

よく見ると、一応相手のほとんどは甲子園経験校や県内有力校ではある。しかし、全国有数の悲願校として紹介するならば、せめてこのうち半分くらいはベスト8以上に進んでほしいところ。

では、なぜこの高校を取り上げるのか？　理由は次のリストを見てもらいたい。

2006年　山田大樹（ソフトバンク育成1位）
2010年　塚原頌平（オリックス4位）
2011年　江柄子裕樹（巨人6位）
2015年　野澤佑斗（ソフトバンク育成1位）
2016年　大山悠輔（阪神1位）中塚駿太（西武2位）長井良太（広島6位）

以上は全員、大学・社会人経由も含め、プロ野球のドラフト会議で指名された、つくば秀英出身の選手。

そう、つくば秀英は、近年、多数のプロ野球選手を輩出している高校。大阪桐蔭や横浜といった甲子園優勝経験もある高校球界の超名門校ならいざ知らず、前述のとおり、甲子園出場歴はなく、県大会でも頻繁に上位進出しているわけでもない高校と考えれば、この数は注目に値する。つくば秀英は、そんな観点から「プロ野球選手を多数育てているのに甲子園出場がない」悲願校として取り上げたのだ。

もちろん、こんなにプロ野球選手を輩出するくらいなので、県内でまったく勝てないわけではない。事実、大会前の展望では有力校のひとつに挙げられることもある。

台頭のきっかけは、1999年、元プロ野球選手の阿井英二郎監督が就任したこと。話題性もよいほうに作用して、県内では注目校のひとつとなり、2009年秋には県大会ベスト4に入るなど、阿井監督が退任した現在も、一定の実力を保っている。

前述した7人のOBプロ野球選手のうち、目を引くのが、じつに6人がピッチャーであること。唯一の野手である大山も、高校まではピッチャーだった。つまり、選手を育てる中でも、特にピッチャー育成に長けているのが、つくば秀英の特長なのだ。

背景にあるのは、阿井監督の退任後、2008年から2010年まで監督を務め、その後、学校で生徒指導顧問を務めている沢辺卓己氏の指導理論だ。現在は、沢辺氏の指導を受けていたOBの森田健文監督がその教えを受け継ぎ、チームを指導している。

特徴は筋力に頼りすぎることのない、「うねり」「はがし」「受け」という三大要素で表現される体の使い方とフォームを染み込ませる指導。これを習得できれば腕が勝手に振れて、いいボールが行くようになるという。

OBプロ野球選手たちは、中学時代、騒がれるような実績があった選手は少ない。みな、沢辺氏が確立した投球理論のもと、つくば秀英で成長のきっかけをつかんだ。この指導を受けた投手が甲子園でどんなパフォーマンスを見せるか、一度見てみたいものである。

# たんたんと上位進出を刻んできた「謎の有力校」【大分雄城台】の秘密は、受け継がれていた名将のエッセンス

鯖江（P074）と並び、全国屈指の「気がつけばベスト8」的な悲願校が大分雄城台だ。大会のたびにド本命の優勝候補に挙げられることは少ない。だが、前評判が特に高くなくても、気がつけば8強にひょっこり残っている。そして、ときには甲子園寸前まで迫ることもある。

夏の大分大会では8強が9回、4強が4回。そして1989、1999、2008年と、敗れはしたが10年に一度のペースで決勝にも進出している。秋も、1986年と2004年に準優勝。春は1987年、2002年と2度、県の頂点に立っている。選抜の21世紀枠の県推薦校にも、2005、2014年と2度、選出された。最近こそ、かつてに比べれば上位進出のペースは落ちているものの、全体的に見れば非の打ちどころがない悲願校

である。

いったい、安定して上位に勝ち進む理由はどこにあるのだろうか。なかなか背景や理由の見えない悲願校だったが、ヒントを教えてくれる人が見つかった。初代監督を務め、チームを夏の大分大会決勝に初めて導いた坂東一彦氏である。

「とにかく進学校ということで、最初から練習時間も限られていましてねえ」と、当時を振り返る坂東氏。じつはその時代、大分県の高校入試は合同選抜制度を実施していた。

「合同選抜」とは、「総合選抜」とも呼ばれた入学試験方式（地域によって呼称と内容は微妙に異なる）。学校間格差の解消を目的として、入学試験合格者を居住地や学力によって、学区内の複数の高校に平均的に振り分ける制度。大分市の、大分雄城台が創立された当時の合同選抜は、県トップクラスの進学校だった大分上野丘、大分舞鶴と大分雄城台の3校で実施。受験生は希望校を指定できるが、必ずしも全員が希望どおりにはならず、ある程度、考慮の材料になるのみで、合格者は3校に振り分けられる仕組みだった。

大分雄城台は創立時から合同選抜が実施されていたため、当初から大分上野丘や大分舞鶴レベルの進学校的な性格の高校となった。校内の雰囲気は勉強第一、部活に多くの時間を割くのは難しかった。だが、坂東氏にとって、その環境は懐かしいものでもあった。坂東氏は1972年、夏の甲子園で優勝した大分の名門・津久見のレギュラー遊撃手。当時、津久見を率いていたのは名将・小嶋仁八郎監督。小嶋監督はその時代には珍しく「人間の集中力はそんなに長くもたない」と練習時間は平日2時間、休日でも3時間程度という方針だった。限られた時間に集中して練習する。それは結果的に大分雄城台の条件にもピタリとハマった。県下有数の学力を持つ選手たち。野球の練習でも勉強同様、集中力を発揮する。ただ、選手個人の能力は津久見と比べれば落ちるため、どうしても2時間の練習では習得できないことがあるのもたしかだった。そこで坂東氏は大胆な手を打つ。

「守備も攻撃も全部やるのは時間的に無理。だからとにかく攻撃を磨く方針にしました。点を取られても取り返す野球です」

徹底した攻撃野球は恩師・小嶋監督が率いた津久見が得意とする野球。この野球がハマり、チームは結果を残し始め、前述のとおり、1989年には夏の決勝戦にも進出する。

その後、坂東氏は監督を退き、合同選抜も1995年に廃止となった。だがその時点で、大分雄城台の野球部は県でも上位常連校になっていた。結果的には、大学進学も視野に入れながら野球に打ち込みたい、という選手にとって有力な進学先候補になったことは想像に難くない。ただ、学校自体が私立強豪のような野球部強化に走ったわけではない。

地元の人間に聞くと、大分雄城台の生徒たちは、創立が新しいことや、新たに開発された商業施設があるエリアに位置することも影響しているのか、大分上野丘や大分舞鶴の、いわゆる「伝統校」的校風が肌に合わないようなタイプの生徒が志望しているようにも見えるという。合同選抜が廃止された結果、偏差値的には大分上野丘や大分舞鶴に続くグループとなったが、校内に漂うのは、野球以外にも陸上などスポーツも全体的に盛んで、一言でいえば学校全体がどことなくスマート。

甲子園には手が届くほどではないが、8強、4強には絡んでくるという大分雄城台の成績は、こうした学校と野球部の歩みとポジションも影響しているのではないだろうか。いわば「勉強もスポーツも一定の力がある普通の高校生たち」の最高形。

現在の高校球界は、従来の私立隆盛がさらに進み、よりエリート化、一部の強豪校に力が集まる傾向がうかがえる。現況と大分雄城台のチームカラーを考えると、期待はしたいが、今のままでは、甲子園出場は難しくなっていくかもしれない。

ただ、そこは高校生。大人の予想をあっさり覆す可能性は誰もが秘めている。スマートな普通の高校生たる選手が、野球エリートを軽やかに退け、甲子園にやってくる。それはそれで、そそられるものがある。

## 消滅したケースもある「元・悲願校」。甲子園の夢を果たせぬまま弱体化

悲願校の中には、一時は都道府県内で悲願校にふさわしい活躍をしていながら、甲子園の夢を叶えることができず、気がつけば弱体化、あるいは学校が野球部強化をやめてしまった高校もある。ここではそんな、「卒業校」ではなく、志半ばで(今は)倒れた「元・悲願校」をいくつか紹介したい。

まず、この30年ほどでもっとも残念なのは、北北海道の帯広南商。1990年代に、「闘将」清水寿幸監督が率いたチームは、地区有数の強豪として何度も甲子園寸前まで迫った。1990年代の10年間で、夏の北北海道大会の準優勝は4回、ベスト4が2回、ベスト8が2回。10年のうち8回はベスト8以上という好成績。秋も1992年にベスト4入りしている。だが、2000年代に入るとチームは低迷期に。現在は上位どころか十勝支部予選突破も厳しい状態になっている。21世紀枠の導入初年度に北海道の推薦校となるが落選したのも痛かった。

似たような歴史や経緯を持つのは仙台工。こちらも、1980年代から1990年代に宮城の2強である仙台育英と東北に対抗する存在として県上位を賑わした。1980年~1999年の20年間で、夏は準優勝3回、ベスト4が2回、ベスト8が3回。春は準優勝が3回、ベスト4が1回、ベスト8が5回。もっとも成績がよかったのが秋で、優勝2回、準優勝2回、ベスト4が4回、ベスト8が1回。1995年は東北大会も準決勝まで勝ち進み、選抜ほぼ確定まであと1勝と迫ったが岩手の釜石南(現・釜石)に0対1で敗れた。あまりの成績安定ぶり、歴史を感じる校名から一度くらい甲子園に出ているのでは? とカン違いする人もいたのではないだろうか。そんな充実期は2000年代に入ると終わった。

近年では2000年代に茨城県内で躍進した水戸桜ノ牧。ごくごく普通の公立校だったが、茨城東を甲子園に導いた海老沢芳雅監督が2000年に就任するとレベルアップ。2006年には、夏の茨城大会で初の決勝進出。常総学院に敗れはしたが新興校として存在感を見せつけた。その後も、2008年に秋準優勝、2009年には春ベスト4、夏準優勝と立て続けに好成績を挙げ、2009年秋にはついに優勝。選抜には届かなかったが、2010年春もベスト4入りした。しかし、甲子園に手が届かないまま2015年、海老沢監督が常磐大高の監督に転身。現在のところ再浮上の兆しは見えない。かつて海老沢監督が率いた茨城東は、監督異動後、同じように低調となり、最近は選手を9人揃えるのにも難儀しているというニュースもあった。指導者の異動は公立の宿命だが、高校野球において監督の存在がいかに重要かがわかる、茨城の「元・悲願校」事情である。

私立では倉敷が気になる。現在、大阪偕星を率いる山本晳監督が指導していた2000年代はひんぱんに県上位進出。津田大樹(元・日本ハム)、宮本武文(元・巨人)とプロにも進んだ好投手を輩出していた。しかし、山本監督がチームを去ると成績は急降下。現在は地区予選で敗退、県大会出場を逃すことも多い。

また、学校自体が消滅した「元・悲願校」が下関中央工。1994、1998、2001年と夏の山口大会準優勝3度と健闘していたが、現在は、同じ市内の下関工と2016年に統合して下関工科に。2017年夏の山口大会は、3年生のみのチームで臨み、2回戦で下関西に1対2と敗れて歴史の幕を閉じた。同じ「元・悲願校」でも学校が健在ならば再浮上する可能性は残っている。ただ、学校自体が消えてしまうと再チャレンジの機会は永遠に失われる。何より母校がなくなる寂しさは、第三者には想像できない無念やつらさがあるだろう。

最後に、どうしても紹介したいのが北北海道の雄武。オホーツク海に面した紋別郡雄武町にある小規模公立校だが、この高校が2003年夏、部員わずか14人で北北海道大会の準決勝に進出。原動力となった2年生エース・佐藤直也が奮投したが、優勝した旭川大高に敗れた。同じ年の秋、3年生が引退した雄武は、わずか10人の部員で北見支部予選を勝ち抜き、全道大会に出場。そして翌2004年夏の北北海道大会では、前年の成績を上回って決勝進出。雄武町は大騒ぎとなった。決勝では佐藤が連投の疲労もあって力尽き、甲子園出場は夢に終わった。中学時代から好投手と評判で、強豪校からも誘いがあった佐藤が「地元で甲子園を目指したい」と雄武を選び、ほかのチームメイトもそれを追った。わずか2年の健闘で、悲願校とは呼べないかもしれないが、2003、2004年といえば、すでに高校野球の急激なレベルアップが進んでいた頃。そんな時代に、こうした高校が2年連続して甲子園寸前まで勝ち進んだことは快挙だろう。オホーツクから吹く風の名にちなんでつけられた「ひかた旋風」という名とともに、高校野球ファンならぜひとも記憶しておきたい活躍である。

# 山間の小規模校【島根中央】。県下屈指の名将の悲願は叶わずも新たに地域の悲願を担う

## 島

根中央を悲願校に挙げたのは、指揮をとる新田均監督の「悲願」がかかっていたのが主な理由である。新田監督は、島根を代表する名指導者。大社、浜田の2校を甲子園に導き、浜田時代は和田毅（ソフトバンク）を擁して夏の甲子園ベスト8まで勝ち進んだ。そんな新田監督が「同一県内公立3校目の甲子園」を狙っていたのが、2004年に赴任した川本＝現・島根中央だ。

甲子園経験豊富なベテラン指導者が指導するチームだけに、成績は徐々に上がっていった。2010年春、2012年春にはベスト4。2012年秋には3位となり中国大会にも出場。悲願校としての最低限レベルはクリアしているといえる。あとはナインたちがいつ新田監督を甲子園に連れていくか……のはずだった。

しかし、新田監督は60歳を迎え、第100回の記念大会だった2018年夏を最後に監督を勇退。「同一県内公立3校目の甲子園」は、夢に終わった。現在は総監督的な立場でチームに携わっている。ただ、現在の島根中央には、新田監督の悲願を抜きにしても、甲子園が悲願となっている側面がある。それは何か？

島根中央は、少子化に伴う県立高校再編の結果、かつての川本と邑智が統合して誕生した高校である。学校が位置するのは中国山地のど真ん中、海沿いの大田市から南下して、石見銀山を横目にクルマを飛ばした先にある山間部の高校だ。ご多聞に漏れず周囲は過疎と少子化に見舞われている。が、現在、島根中央は学校全体の生徒数が激減しているわけではない。野球部員も3学年揃えば40人ほどになる。それはいいことだが、公共交通機関も限られる山奥の学校にこれだけの部員が安定して入学しているのは、意外といえば意外である……が、これには理由がある。

現在の島根中央、県立校でありながら、野球部員のほぼ半分は県外出身者である。そして、驚くべきことに、それは野球部だけではなく、全校生徒の3分の1程度が関東や近畿、中国地方の他県出身者なのだ。

地元生徒だけが通えるのが原則の公立高校に、これだけの県外生がいる理由は「しまね留学」という制度があるからだ。

「しまね留学」とは、ひと言でいえば都市部から島根への「留学」を促進する制度。猛烈なスピードで過疎化が進み、若者、子どもが地域から消えていくことに危機感をつのらせた島根県が、県独自の施策として、都市部の子どもに、島根の高校への進学を薦めているのである。加速する過疎化に対して策を打たないと、地域から若者や教育機関が消えてしまうことになりかねない切羽詰まった状況なのだ。

「自分のことを誰も知らない場所で再出発したい」「自然豊かな場所に行きたい」、そして「甲子園を目指したい」と「しまね留学」に希望を見出す中学生たち。過疎地域に若者の声を響かせ、学校を存続させたい関係者や自治体と「しまね留学」はお互いにメリットがあったのだ。

ただ静かに廃れるのを待つだけだった街に、みずみずしい10代の若者がやってくる。それは想像以上の価値があった。住民たちは生徒たちをまるで我が子、我が孫のように見守り、生活を助け、何かに打ち込む姿を応援した。もちろん、野球部の試合となればスタンドに駆けつける人も増えた。地域を元気づけるものとしての部活。島根中央は野球部以外の部活にも力を入れており、2019年4月からは女子野球部も創設。新田監督は、男子だけではなく女子野球部の総監督も務める予定だ。

この「しまね留学」制度、島根中央以外にも、現在、19の県立校が利用している。その中には、自治体も巻き込んで野球部の強化に力を入れ始めた高校もあり、そういった高校同士が県大会で対戦ともなれば、スタンドは地域対抗戦のような趣でヒートアップ。選手たちよりも応援団の気合いのほうが上ではないか、という状態になるとのこと。

過疎の町に生まれた新たな楽しみ、生きがい。「しまね留学」は、スポーツや学校の新しい（あるいは、古くて新しい）意義を示し始めたのかもしれない。新田監督が退いたあとも、島根中央を悲願校として紹介する理由。それは、きっかけだった「監督の悲願」はなくなったものの、新たに「地域の悲願」という側面が強くなったからなのだ。

「野球留学」には昔から「地元の子がいない」「全国から有力選手をかき集めてくる」と負の面を強調して語られたり、地元の応援の熱量が低いといわれてきた。しかし、「しまね留学」は、そんな「野球留学」の見方にも一石を投じている。そして、超高齢化社会と少子化・過疎化という日本の未来へ向けて、地域活性化のひとつの在り方を提示しているといえよう。

島根中央の甲子園初出場には、それを全国に知らしめる意義も含んでいるのだ。

# 3 常連【八戸学院光星】もかつては悲願校。3年連続決勝のマウンドで散った悲運のエース・洗平竜也の壮絶な物語

季連続甲子園準優勝を経験するなど、今や泣く子も黙る甲子園常連校の青森・八戸学院光星。だが、かつてはここも甲子園初出場に苦しんだ、元・悲願校である。まだ校名が光星学院だった1990年代半ば、初の甲子園を目の前にした夏の青森大会で、3年連続決勝敗退という悲劇的な足踏みを経験している。そのスコアは次のとおりだ。

1994年●6対7　八戸（延長10回）
1995年●2対4　青森山田（延長10回）
1996年●4対6　弘前実

ただでさえ「悲劇」的なこの3年連続決勝戦敗退には、さらに前代未聞のエピソードがある。なんと、光星学院は3年連続して同じ投手が先発マウンドに登り、3年連続して敗れてしまったのだ。

その投手の名は、洗平竜也（元・中日）。

初出場をかけて、という条件を抜きにすれば、甲子園をかけた夏の地方大会決勝戦で3年連続敗退は、まれにあるケースではある。しかし、その3年連続敗退の決勝戦、すべての試合に先発した投手というのは、まずいないだろう。それはつまり、甲子園を狙うようなチームで、入学間もない1年生時代からずっと主力投手であり続けたということ。そう、洗平はたしかに実力のある投手だった。

サイドスローに近い変則的な腕の位置からキレのいいボールを投げ込むサウスポー。光星学院を卒業後、大学野球の強豪・東北福祉大に進学して活躍。2000年のドラフト会議で、中日を逆指名して入団。プロではイップスに悩んだこともあり活躍できなかったが、中日退団後も「野球を続けたい」と社会人・東海REXで投げ続けた。結果的にプロでは活躍できなかったが、それでも立派な野球人生だったといえる。

それにしても、3年連続決勝敗退をマウンドで味わうとは、どんな気持ちだったのだろうか。それも、3年のうち2回は延長戦。9回で決着がついた3度目の決勝戦も、4点をひっくり返されての逆転負け。もはや第三者が想像できるレベルを超越した悔しさである。

しかも、追い打ちをかけたのが、その次の秋。

3年生の洸平が引退した光星学院は1996年秋の青森大会で優勝、東北大会でも優勝して翌1997年春の選抜に初出場。それまでの3年連続決勝敗退がウソのように、あっさりと初の甲子園を決めてしまったのだ。

もちろん、それは光星学院にとっては喜ばしい出来事である。そこには何も文句はない。

だが、あまりにも洸平がかわいそうではないか。

まるで甲子園初出場のための厄落としだったかのように、自分がいけにえにでもなったような運命の仕打ち。野球の神様は、どうしてこうも残酷なのか。甲子園を手に入れた後輩たちを見つめる洸平の姿を想像しただけで、当時の私は胸が締めつけられた。

我ながら少々、気持ちが入りすぎていたとは思う。それは、私が偶然にも1994年夏の青森大会の決勝を、テレビで見ていたことも関係していただろう。

その番組はテレビ朝日の『速報！甲子園への道』。現在も続いている通称「への道」は、全国の夏の地方大会の試合を伝えるニュース番組。今のようにネットで遠隔地の地方大会を観戦することができない時代。そんな中、唯一、全国各地の地方大会の映像を見ることができた番組だった。

すでに悲願校的視点で新聞結果を眺めるのが趣味になっていた自分にとって、見たことがないユニホームを身にまとい、野球をしている全国各地の甲子園未出場チームの試合の映像は、じつに魅力的だった。基本的には試合結果を伝えるダイジェスト映像だったのだが、それでもじゅうぶん、好奇心を刺激された。

そんな「への道」を見ていたある日、たまたま1994年の光星学院対八戸の決勝戦のニュースを目にしたのである。そして、驚いたのが、光星学院の大事な決勝のマウンドを任せられた投手が1年生だったこと。画面に映るその1年生は、いかにも1年生らしいヒョロッとした細い体をダイナミックに動かしてキレ味鋭いボールを投げ込んでいた。それがまだ15歳の洸平だった。

画面越しに暑さが伝わる、ボーッと土が揺れて見える球場。マウンドの洸平は、倒れそうな体を必死で支えているように見えた。力尽きたのは10回表。延長に入り、洸平は緊張の糸が切れたように1点を失う。試合はそのまま終わり、光星学院は準優勝に終わった。

その後、私は光星学院と洗平を忘れることができなかった。翌年も、その次の年も、夏になると光星学院の結果を新聞で探し、勝ち上がりに胸を躍らせ、決勝敗退に心を痛めた。その度、テレビで見た、1年生左腕・洗平の姿が目に浮かんだ。会うことも実際に見ることもない投手だったというのに、私は洗平を甲子園のマウンドに登らせてあげたかった。

この光星学院の3年連続決勝敗退と洗平の悲運は、私の記憶に強く刻まれた。自分も高校球児であったのにおかしな話ではあるが、甲子園で試合をしているチームや選手のうしろには、本当に悔しい思いをして敗れた高校や選手がたくさんいることを、強烈に感じさせてくれた。そして甲子園に出場してくる高校だけが強いチームではないことも。

その点で光星学院と洗平は、私がこうして「悲願校」というテーマの企画を考え、原稿を書いている原点のひとつともいえる。

後年、ライターになってから、悲願校企画を行っている『野球小僧』（現・『野球太郎』）の仕事で、洗平のインタビューをしたことがある。テーマはもちろん、高校時代の3年連続決勝敗退。印象に残ったのは、3年生、3度目の決勝敗退についてのコメントだった。

この試合、洗平は4点あったリードを追いつかれた直後の8回裏、先頭打者に死球を与えたところでマウンドを降りている。3度戦った決勝戦で、唯一、完投せずに敗れた試合だった。当時の金沢成奉監督（現・明秀日立監督）に取材したところ、洗平は死球を出した時点でベンチに自ら降板の意思を伝えたという。その真意を訊きたかった。

「ボール自体は衰えていなかったんですが、『オレじゃ勝てないのかな』って思ってしまったんです。前と違って他の投手も育ってきていたし、自分一人じゃないと思うようになったというか……。たぶん、チーム全体のことを考えたから降りたんです。2年生までだったら、きっと降りていなかった。でも逆に、下級生の頃のように無我夢中で投げていれば、負けずに済んだ気もします。なんというか、3年生のときは余計なことを考えすぎたんですよ。正直、また自分のせいで負けるのがイヤだという気持ちもありましたから……」

この場面に限っては1年生の頃から主戦として活躍した経験が裏目に出たのかもしれない。勢いで勝つことも、実力はあっても運で負ける試合があることも、すべて知り尽くしていたがゆえに、一瞬だけ頭をよぎってしまった「勝てない自分」への不安。

「今考えると、なんか恥ずかしいですね」と洗平は笑ったが、いくらトップクラスの選手といっても、まだ高校生。重圧の中で心折れることなく戦い続けた洗平に、一瞬訪れた心の誤算。それを「精神的な弱さ」とひと言で片づけるのは、あまりに酷だろう。

金沢監督は取材の途中、ポツリとこうつぶやいた。

「もし、洗平が甲子園に行っていたら、プレッシャーから解放されて、ものすごい力を発揮したと思うんですよね」

その後、光星学院は八戸学院光星と名前を変えて、甲子園常連、それも上位常連といえるほどの高校になった。だが、私はそんな八戸学院光星を甲子園で見る度に、あの夏、洗平が流した涙や思い、その悲運を乗り越えてきたことが脳裏をよぎる。だから、どんなに強くなっても、八戸学院光星に対して、私は判官びいきのような気持ちが消えない。

洗平へのインタビュー、私は最後に、もし、高校時代の自分にアドバイスするならば、どんな言葉をかけるかと訊いた。洗平は少し考えて次のように答えてくれた。

「そうですね……1人じゃなくて、みんなでやっていることを思い出して、自分の信条を曲げてでも笑っていろ、と。最後の試合、自分の中でも笑いがなかったんですよね。余裕がなかった。もっと、そういう部分を出して投げろと言いたい。今の高校生にも、最後の夏は、どうして野球を始めたのか思い出してほしい。みんな、やっぱり楽しくて野球を始めたわけじゃないですか。そんな気持ちで一球一球、プレーしてほしいです」

この言葉を、すべての悲願校に送りたい。

# 四、47都道府県別・悲願校の歴史と現状

# 北北海道

89校

## 全国屈指の悲願校に初の栄冠を。混戦模様は大きなチャンス

悲願校を語るうえで欠かせない要素が「地域性」。いまだ甲子園出場校を輩出したことがない各都道府県の地域や自治体で、そのエリアの野球関係者やファンにとっての悲願になっているケースだ。

そんな全国有数の「地域の悲願校」が北北海道の稚内大谷（P026）。所属する名寄支部は、いまだ甲子園出場校がないのだ。現在の北北海道は混戦模様。2018年までの10年間で夏の甲子園出場校は9校。複数出場は旭川大高の2度だけ。

稚内大谷にもチャンスはじゅうぶんある。実際、遠軽、帯広大谷、武修館など、他の都道府県であれば地区を代表する悲願校レベルの高校が2010年代に甲子園初出場を果たしている。

稚内大谷のほかには、釧路市有数の伝統的進学校で政財界にも多くのOBがいる釧路湖陵が「次なる悲願校」か。

春夏通算出場回数ベスト3

| | | |
|---|---|---|
| 1位 | 駒大岩見沢 | 12回 |
| 2位 | 旭川大高<br>旭川龍谷 | 8回 |

## 南北海道

106校

# 強さを継続できる公立校が出るか期待の(?)悲願校候補が聖地へ

南北海道の悲願校は、近年では、2019年の選抜に出場が決まった札幌大谷が一番手になりつつあったが、早くも「卒業」予定。そこで名を挙げたいのが、小樽支部の進学校、小樽潮陵。道立校では、函館中部、札幌南に次ぐ歴史を持つ伝統公立校だが、前者2校が甲子園出場経験があるのに対して、小樽潮陵はナシ。南北海道大会で2014年は準優勝、2015年はベスト4とあと一歩だった。

そのほか、立命館慶祥は2000年代に入ってから全道大会でも上位進出するようになり、一時は初の甲子園も間近に感じられたが、2010年代に入る頃から徐々に失速している。

毎年、1校は力のあるチームが出てくる札幌市内の公立校の中から、継続して一定以上のチーム力と結果を出せる高校が出てくれば悲願校的には面白いのだが。

**春夏通算出場回数ベスト3**

| | | |
|---|---|---|
| 1位 | 北海 | 50回 |
| 2位 | 東海大札幌<br>函館大有斗 | 13回 |

# 青森

66校

## 次々と悲願校が現れるも、下北半島から狙う大湊が一番手

悲願校一番手は、下北半島から初の甲子園を狙う大湊だろう（P090）。長年、健闘を続けている公立校として触れておきたいのは八戸西。勉強も部活も力を入れられる公立校として人気があり、1990年代から野球部も上位進出をするように。2001年にスポーツ科学科が設置されたこともあって、好選手が揃う環境が整っていった。結果、2007、2008年と2年連続、夏の青森大会ベスト4、その後も各種県大会で何度もベスト8以上の成績を残し、2016年春には県大会優勝。公立の雄となっている。

2校に割って入りつつあるのが、近年、進境著しい弘前東。2010年以降に限ると、秋春夏の県大会で準優勝3回、4強4回、8強5回。準優勝の3回は秋と春で、夏は決勝進出なしという点が、いかにも悲願校らしい。

春夏通算出場回数ベスト3

| | | |
|---|---|---|
| 1位 | 八戸学院光星 | 18回 |
| 2位 | 青森山田 | 13回 |
| 3位 | 八戸 | 7回 |

## 岩手

66校

# 悲願校不在県（!?）で期待したい、旧制中学ルーツ校の奮闘

長く「ここ！」という悲願校が存在しないのが岩手。悲願校になりがちな、旧制中学をルーツに持つ地域の公立伝統校という点でも、盛岡一、一関一、福岡、花巻北、遠野、釜石、宮古と主要な高校は甲子園経験済み。高田、大船渡、久慈と沿岸部の地域中心校的なチームもすべて甲子園出場実績がある。一時、1988年に開校した不来方が、スポーツにも力を入れるということで悲願校的存在になるかと思われたが、想像よりも活躍できず（ところが2017年選抜に21世紀枠で甲子園初出場）。

そんな中、あえて悲願校を挙げるなら旧制中学系の水沢か黒沢尻北だろうか。両校とも県内では上位進出もある、いわゆる中堅校。ただ、水沢は甲子園出場校未輩出の奥州市にある高校であり、かつ2000年以降、長期低迷もなく、県大会の準決勝、決勝進出実績も黒沢尻北を上回る。一歩リードといっていいだろう。

**春夏通算出場回数ベスト3**

| | | |
|---|---|---|
| 1位 | 盛岡大付 | 14回 |
| 2位 | 花巻東 | 12回 |
| 3位 | 福岡 | 10回 |

秋田

44校

# 大曲工「卒業後」の争いは秋田南と秋田修英に絞られた？

かつて秋田には全国有数の悲願校が存在した。それは大曲工。1990年代後半から県大会で上位進出が目立つようになり、MLBにも挑戦した左腕・後松重栄など好選手も輩出。2015年の選抜でようやく甲子園初出場を果たしたが、1995年からそのときまでの20年間で県大会優勝5回。準優勝2回。4強10回。これだけ県大会で実績を残しながら、甲子園がかかる大会、試合となると勝てなくなる。5回の優勝が秋春のみなのは当然だが、準優勝も秋春のみ、4強も10回中、夏は3回である。徹底して夏に勝てないのが本当に不思議だった。だが、壁を破ると翌2016年夏も甲子園に出場。一度聖地を踏めばチームは変わるという印象を受けた。

では、大曲工の「卒業」後、秋田の悲願校事情はいかなる状況か。じつは「大曲工の次はここかな」と思っていた高校はあった。まず、旧制中学時代からの伝統があり、大曲工よりも少し前、1990年代前半も優勝候補に挙げられるなど力を見せていた大館鳳鳴。さらにはOBの湯沢淳監督が、筋肉量やスイングスピードなどの数値へのこだわりなど特色ある指導で強化、甲子園一歩手前まで迫っていた角館。この両校は歴史や実績を考えても悲願校と呼ぶにふさわしい高校だった。ところが、なんとこの両校が大曲工よりも先に甲子園を決めるという事態が起きてしまう。

大館鳳鳴は2011年の選抜に21世紀枠で、角館は2014年夏の甲子園に、前年準優勝の悔しさを晴らして、それぞれ甲子園初出場。両校の結果を目の当たりにした大曲工の気持ちを考えると本当にいたたまれなかった。大曲工の2015年の甲子園初出場は、この悔しさも原動力だったのかもしれない。

話がそれてしまったが、以上のような理由で、2010年代前半に秋田の悲願校らしい悲願校は軒並み卒業してしまった（余談だが、大館鳳鳴と角館の甲子園出場で、秋田の旧制中学をルーツにする野球部のある高校は、全校甲子園出場経験を持つこととなった）。現在、悲願校と呼べる高校はあるだろうか。

候補のひとつは秋田南だろう。県内有数の進学実績を誇る一方、野球部は20

00年代に入る頃から県大会上位進出が目立つようになり、2015年春には県大会優勝、同年夏は惜しくも準優勝で甲子園にあと一歩、及ばなかった。長年の健闘を考えればじゅうぶん、悲願校と呼んでいいだろう。ただ、直近の成績がやや下降気味なのが気になるところ。

また、2010年代になってから上位進出が目立っていた西目も候補のひとつといえるが、こちらも直近の成績があまりよくなく、今後の力量が不透明だけに、自信を持ってプッシュしにくい。

そこでクローズアップされるのが秋田修英である。同校は、女子校をルーツとする私立共学校。野球部は長く低迷していたが、秋田経法大付（現・明桜）を率いて甲子園4強、中川申也（元・阪神）、小野仁（元・巨人ほか）、攝津正（元・ソフトバンク）といった好投手を育てた鈴木寿宝氏が2010年に監督就任。2011年から学校にスポーツコースが設けられたこともあり、徐々に強化が進んで、2018年秋には県大会も制した。

現状では長年の実績を買って秋田南を悲願校一番手としたいが、今後の結果次第では、その座を秋田修英が奪うことも考えられる。

**春夏通算出場回数ベスト3**

| | | |
|---|---|---|
| 1位 | 秋田<br>秋田商 | 24回 |
| 3位 | 明桜 | 14回 |

## 山形

48校

# 長年の健闘続く米沢中央。成長株がその座を狙う

1990年代、山形では羽黒が全国でも有数な、そして典型的な悲願校として「君臨」していた。秋春の県大会では優勝を重ねるのに、なぜか夏には勝てない。その状況を払拭したのは2003年夏。そして1年半後、2005年春には、選抜で県勢初のベスト4。長く悲願校だったうっぷんを晴らす活躍だった。

その羽黒に替わり、新たな悲願校となったのが山形中央。体育科がある県立校で全県から進学可能。スポーツが盛んな同校にあって野球部が甲子園出場を果たせないのは不思議だった。吉報が届いたのは2010年春。21世紀枠という、意外といえば意外な形での甲子園初出場であった。

このように「ザ・悲願校」というべき高校が甲子園出場を果たしていった山形県だが、その陰で、ある悲願校がまだもがいていた。

それは米沢中央。過去、夏の山形大会での準優勝は5度。初の決勝進出となっ

た1984年の段階では、米沢中央が属する置賜地区に甲子園出場校はなく、地域の期待も背負っていた。1988、1989年には2年連続して夏準優勝。置賜初の甲子園は米沢中央だろうと思われていたが、その偉業は1991年に米沢工が達成。以降、1992年に4度目の夏準優勝はしたものの、米沢中央は一時の勢いを失う。だが、2010年代に入ると再び上位に食い込むようになり、2013年には5度目の夏準優勝。30年以上に及ぶ悲願達成が期待されている。

ただ、同じ置賜地区の元女子校である九里学園が、仙台育英の主将として甲子園準優勝の実績を持つ高橋左和明監督の指揮のもと、甲子園を狙える位置まできている。また、同じく元女子校の山形城北も、初の甲子園は射程距離。南陽の監督時代から手腕を発揮してきた増井文夫監督が、初の夢舞台を狙っている。ほかにも好投手を育てて上位に食い込む山本学園や、甲子園に久しく代表校を送っていない最北地区の新庄東も悲願校候補。

心情的には米沢中央に甲子園の土を踏ませてあげたいが、なかなか勝てないようだと、こういった高校に悲願校一番手の座を譲らざるを得ない状況になる。

春夏通算出場回数ベスト3

| | | |
|---|---|---|
| 1位 | 日大山形 | 21回 |
| 2位 | 酒田南 | 11回 |
| 3位 | 東海大山形 | 9回 |

## 宮城

67校

# イマイチ流れに乗れない私立。柴田と仙台三の公立勢がリード

もともと宮城県には、利府という典型的な悲願校があった。利府は2009年の選抜で甲子園初出場を決めると、いきなりベスト4。「甲子園経験はないが実力はある」悲願校の力を証明してくれた。利府の卒業後は、悲願校になりそうな高校は現れるものの決め手に欠ける、といった状態が長く続いている。

まずは2003年に共学化した聖和学園と、同年、古川商から校名変更した古川学園。ともに野球部強化の方向性がうかがえる私立校で、ある程度の実績も残してきたが、足踏みが続いている状態だ。

前者は、数回の指揮官交代を経て、2018年に公募により、修徳や東京経済大で指導経験を持つ大橋寿一監督が就任。後者も、2018年に仙台育英OBの米倉亮監督が就任。継続して力を発揮できるかが今後のカギだ。そのほか、私立校では大崎中央もときおり上位に絡んでくる悲願校候補である。

公立校では、まず柴田。1986年の開校。体育科が設置されたこともあってか、野球部も比較的早く力をつけ、優勝候補に名前が挙げられるようになり、小坂誠(元・ロッテほか)も育てた。その勢いのまま甲子園をつかむかとも思われたが、やや失速。だが、2000年代に入ると持ち直し、2002、2013年の夏は準優勝。特に2013年は仙台育英の前に9回サヨナラ敗戦で甲子園を逃した。序盤で敗退に見える年も、初戦の相手が強豪校という不運も目立つ。

同じように1980年代から上位に進出し続けている公立校が仙台三。1960年代に、団塊の世代の人口増を受けて誕生した県立普通科高校で、その名のとおり(?)同じ仙台市内の公立伝統校である仙台一、仙台二に次ぐ進学校という位置付けで歴史を重ねてきた。こちらも一時は低迷気味だったが、2010年代から再びコンスタントに勝てるようになり、夏は2017、2018年と2年連続ベスト4と勢いに乗っている。

以上の候補校から健闘期間とプロ野球選手育成の実績を加味して、柴田を代表的悲願校にしたが、他校との差は大きくはない。果たしてどこが抜け出すか?

**春夏通算出場回数ベスト3**

| | | |
|---|---|---|
| 1位 | 東北 | 41回 |
| 2位 | 仙台育英 | 39回 |
| 3位 | 仙台商 | 4回 |

福島

83校

# 聖光学院の甲子園独占の陰で涙を流し続けてきた高校たち

わかりやすい悲願校がいない福島。ただ、「候補」各校の事情は異なる。

悲願校になりやすい新興校という意味なら、私立の東日大昌平。2000年の開校後、野球部を強化して上位進出するようになり、2009年には夏の福島大会決勝進出。聖光学院に敗れたが、その後も上位常連である。

公立であれば、近年、力をつけてきた新鋭、いわき光洋。1993年の開校後、しばらく特筆すべき活躍はなかったが、2010年代に入ると徐々に力をつけ、2014年春は3位で夏にはベスト4。2017年は春夏連続で決勝に進出した。だが、春夏ともに決勝で敗れたのは、やはり聖光学院。東日大昌平もいわき光洋も、聖光学院の壁を破ることが悲願成就とイコールになりそうである。

……とここまで書くと東日大昌平かいわき光洋が悲願校一番手になりそうだが、話はそう単純ではない。両校とも近年の成績は悲願校にふさわしいが、歴史がやや新しい。その観点では、両校の開校前から健闘している高校があるのだ。

まずは湯本。1980年代から健闘を続け、前評判がそれほど高くない年でも、気がつけば県大会では上位をうかがう位置にスルスルッと勝ち上がっていることがよくあった。1992年夏には準優勝。あと一歩のところで敗れることが続いていたが、1990年代後半になるとやや失速。ただ、2000年代以降もかつてほどのペースではないが上位進出は続けており、2018年夏もベスト4と健闘している。

さらには、小高産業技術。旧校名である小高工時代、1990年代から県上位常連であり、好選手も輩出してきた。ただ、これまで挙げてきた高校と異なり、夏の決勝進出経験はない。しかし、継続という意味では極端な不振の時代もなく、たんたんと8強あたりに顔を出し続けている点は、まさに「派手さはないが健闘を続けている悲願校」というイメージだ。

そのほか、伝統校の白河や郡山商、須賀川にも悲願校的要素はある。ただ、総合的に考えれば、実力が安定しているという点で、現在の悲願校一番手は小高産業技術にするべきと感じている。

**春夏通算出場回数ベスト3**

| | | |
|---|---|---|
| 1位 | 聖光学院 | 20回 |
| 2位 | 学法石川 | 12回 |
| 3位 | 福島商 | 11回 |

## 茨城

98校

# 残念な水戸桜ノ牧の低調。プロ選手多数輩出校がトップか

茨城といえば、海老沢芳雅監督時代の水戸桜ノ牧が悲願校と呼ぶにふさわしかった。しかし、海老沢監督が2015年に常磐大高の監督に転じて以降は成績が下降。逆に常磐大高は2000年代から実力をつけ2007年夏には準優勝と甲子園に近づいたが、そこから低迷。海老沢監督が就任後、再び県上位をうかがうようになったという流れを見れば「悲願校化」しつつある。ほかにも古株の東洋大牛久や波崎柳川、近年こそふるわないが、一時は安定して県上位に顔を出していた水戸葵陵などが、悲願校化しそうな高校だ。

ただ、ここはあえてそれ以外から、つくば秀英を悲願校の筆頭に置きたい。理由は、異常なまでの近年のプロ野球選手輩出数(P106)。甲子園未出場校でこれだけの選手が育つのは、全国的にも珍しいケースだ。

春夏通算出場回数ベスト3

| | | |
|---|---|---|
| 1位 | 常総学院 | 25回 |
| 2位 | 水戸商 | 14回 |
| 3位 | 土浦日大<br>取手二 | 6回 |

# 栃木

59校

## 県北勢の期待を一心に集めて長年、戦い続ける矢板中央

栃木の矢板中央といえば、野球よりも全国上位の実績もあるサッカー部が有名だろう。だが、野球部も1990年代から県内では健闘を続けており、特に2000年代後半は、関東大会にも3季連続で出場。甲子園が目の前に迫った時期もあった。ところがこの矢板中央、秋や春は決勝にコマを進めることもあるが夏に弱い。序盤で強豪と当たるなど組み合わせの不運もあるが、最高成績はベスト4。栃木の甲子園出場校は、夏に限れば県南勢に集中。矢板中央が位置する県北部の高校は分が悪い。その意味でも、矢板中央には期待がかかる。

北部ではほかに、大田原が2010年代に入ってからたびたび上位進出を果たすなど、安定した力をキープ。21世紀枠の関東地区推薦校に選ばれたこともある。旧制中学からの歴史を誇る公立の進学校。甲子園出場となれば応援は熱いものになるだろう。

春夏通算出場回数ベスト3

| | | |
|---|---|---|
| 1位 | 作新学院 | 24回 |
| 2位 | 文星芸大付 | 12回 |
| 3位 | 佐野日大 | 10回 |

## 群馬

67校

# 新興の元女子校が中心も、名将就任決定の県北勢が気になる

長く群馬の悲願校だった前橋育英が甲子園初出場を果たしたのは2011年春。2年後には夏の甲子園にも初出場すると、なんとそのまま全国制覇を達成したのはまだ記憶に新しい。今や知名度は全国区の野球強豪校となった。まさに悲願校ウォッチングの醍醐味である。

その前橋育英に入れ替わって、現在、群馬の悲願校と呼べるのが元女子校の伊勢崎清明(P062)。ハツラツとしたプレーを甲子園でも披露してほしい。

また、甲子園出場校がない県北勢の沼田、利根商も候補。特に、元・桐生第一監督の福田治男氏が指揮官に就任する利根商の今後は楽しみだ。その他、21世紀枠の関東地区推薦校経験のある富岡、進学校として実績豊富な太田など、地域やOBの期待を背負った公立校も悲願校的要素はあるが、実績的には少々厳しいか。

**春夏通算出場回数ベスト3**

| | | |
|---|---|---|
| 1位 | 桐生 | 26回 |
| 2位 | 桐生第一<br>高崎商 | 14回 |

## 埼玉

158校

# 山村学園が川越東、浦和実を抜くか。激しい中堅校のレベルアップ争い

近年の埼玉県にはわかりやすい悲願校がない。1990年代には埼工大深谷（現・正智深谷）が悲願校的な活躍をしていたが、その後、急激に失速。けっして弱体化したわけではないが、「悲願校！」と呼べる域には復調していない。

現在の埼玉における甲子園未経験校は、その正智深谷のような、悲願校というよりも「中堅私学」的な高校が目立つ。正智深谷と似たような流れで、一時は優勝候補にも名が挙がったものの、その後やや失速した武蔵越生や東農大三などは典型例だろう。ただ、武蔵越生は、東京成徳大深谷を強化した泉名智紀監督が就任して実力を蓄えている。東農大三も、OBの高広聖也監督が就任4年目となった2018年秋は県準優勝。両校とも復活の兆しは見える。

ほかにも、山村学園、昌平、西武文理、叡明、星野、本庄東、狭山ヶ丘といった高校が上位常連をうかがう存在だ。中堅校が目立つこのような状況は公立も同

じであり、春日部東、ふじみ野、坂戸西、朝霞、松山、川口、川口市立、白岡といった高校も好チーム。また川口青陵、南稜と、赴任する高校を次々と強化してきた遠山巧監督が現在率いる狭山清陵の今後も気になるところだ。

　こうした中から悲願校を選ぶとすれば、まずは私立の川越東。元プロの監督として話題となった阿井英二郎監督（元・ヤクルトほか）の就任後、着々と力をつけ、あとを継いだ野中祐之監督も熱心に指導。県上位の力をキープし続け、ＯＢのプロ野球選手も生まれた。また、前述したように実力の浮き沈みも目立つ埼玉の中堅私学の中で、爆発力こそないが30年近く継続して8強、4強クラスの成績を残し続けている浦和実も堂々たる「悲願校」といえる。

　ただ、前出の中堅校の中から、最近、山村学園が優勝候補に成長しつつあり、現在の力と実績をキープし続ければ、両校を抜く可能性もある。

　最後に触れたいのは県内有数の歴史を誇る伝統的公立男子校で、熱狂的な応援で知られる松山。8強、4強進出ペースは鈍いが、ＯＢやファンの「悲願指数」という点ではナンバーワンかもしれない。

**春夏通算出場回数ベスト3**

| | | |
|---|---|---|
| 1位 | 浦和学院 | 23回 |
| 2位 | 花咲徳栄 | 10回 |
| 3位 | 上尾<br>春日部共栄<br>大宮 | 7回 |

## 千葉

163校

# 全国有数の有力校揃いの県でひっそり甲子園を狙う流経大柏

年によっては甲子園を狙える高校は10校以上にもなるという、全国有数の激戦区・千葉。近年こそ、木更津総合の安定した甲子園出場実績が目立つが、伝統校から新興校まで有力校の顔ぶれは広範に及ぶ。

それは悲願校の歴史においても同じ。

たとえば、50万人近い人口を誇る都市ながら、長く甲子園出場校がなかった松戸市の悲願をも成就させた専大松戸、相川敦志監督が地道に強化に取り組んで強豪校となった東海大市原望洋も、かつては千葉の代表的悲願校だったが現在は卒業。1990年代後半、悲願校的な活躍をしたのち、一時、不振に陥った中央学院も、相馬幸樹監督の手腕で持ち直し、2018年、春夏連続で甲子園初出場を果たした。2000年以降における千葉の悲願校の歴史は、「大物」が軒並み卒業していった時代でもある。

だが、千葉をナメてはいけない。まだまだ初出場を狙う悲願校は存在する。

まずは、2018年夏に西千葉大会決勝で敗れた東京学館浦安。1991年、石井一久（元・ヤクルトほか）を送り出して名が知れた同校だが、2011年にも決勝で敗退するなど甲子園出場はいまだなし。ユニークなのは、継続して8強、4強に残るというわけではないが、4回戦、5回戦あたりの壁を破ると一気に決勝までやってくる勝ち上がり方である。

荒木大輔（元・ヤクルトほか）とともに早実で5季連続甲子園出場を経験した故・小沢章一監督が率いていた1980年代末から有力校の位置にいながら、なかなか勝ちきれないのが千葉英和。しばらくおとなしくなり、もしかして低迷か……と思っていると、8強、4強まで勝ち上がってくる、粘りというかしぶとさが目にとまる。

また、2012年に決勝で敗退するなど確実に力をつけている日体大柏や、かつて明治大の監督を務めた荒井信久・前監督が強化した千葉黎明、2015年秋に準優勝した千葉明徳といった新鋭校も、有力な悲願校候補。プロ選手、好投手がよく育つ横芝敬愛も甲子園経験がない。

さらに、かつて小笠原道大(元・中日ほか)、北川哲也(元・ヤクルト)らプロ選手も輩出、1990年代前半に甲子園をつかむのでは、という活躍を見せた暁星国際。その後、低迷していたが、近年、復活の兆し。こうした「復活校」の行方も気になるところだ。

そのほか、16強、8強あたりに顔を出す敬愛学園、東京学館船橋、西武台千葉なども千葉の高校野球を彩る存在として定着。悲願校候補ではある。

このように悲願校候補多彩な千葉だが、一番手に挙げたいのは、長年、しぶとく甲子園を狙い続けてきた千葉英和。そして、あえての流経大柏。1990年代より決して弱くはなく、ダークホースとして取り上げられたりするが、グリグリの優勝候補ではない実績とポジション。だが、時折、スルスルッと勝ち上がり8強、4強へ。1997年夏には、なにげに準優勝も記録している。2017年に監督就任、大学での指導実績も多い大田垣克幸監督の手腕も注目だ。長い健闘期間に加え、全国レベルのサッカー部やラグビー部に比べ肩身の狭い思いをしているのでは、という点にも勝手に同情して、聖地の土を踏ませてあげたい。

**春夏通算出場回数ベスト3**

| | | |
|---|---|---|
| 1位 | 銚子商 | 20回 |
| 2位 | 習志野 | 11回 |
| 3位 | 木更津総合 | 10回 |

東東京

132校

# 大物・安田学園の「卒業」後は東海大高輪台の悲願達成を待つのみ

東東京の悲願校といえば、過去にはまず、安田学園の名が挙がった。橋上秀樹(元・ヤクルトほか)、阿部慎之助(巨人)など複数のプロ野球選手も輩出するなど、1970年代から存在感を見せつけていた、ある意味、東京の歴史ある有力校。だが、どうしても甲子園に手が届かなかった。夢が叶ったのは2013年春。前年秋の東京都大会を制して堂々の甲子園初出場にOBや関係者は沸いた。

このように「ビッグ」悲願校だった安田学園は卒業したが、まだまだ悲願校は存在する。

真っ先に名前が挙がるのは東海大高輪台。東海大の付属校といえば野球の強豪校が多いが、実は野球部のある東海大付属校で甲子園未経験は東海大高輪台のみとなっている(P034)。一方、ユニークなのは東京実。こちらも30年以上、健闘を続ける高校だが、東京では「大物食い」として知られている(P098)

そのほか、東京の悲願校といえば、たくさんの都立校もそうかもしれない。かつて都立校の甲子園出場は、1980年夏に西東京から国立が出場したものの、そのハードルはかなり高かった。流れが変わったのは2000年代。1999年夏に城東が東東京を制して甲子園出場。2年後には2度目の出場を果たした。以降、快挙に背中を押されるように、勉強熱心な指導者が増えたこと、特色ある学校づくりが進められたことなども背景にして、私立強豪を脅かす都立の活躍が目立つように。東東京を代表する強豪である帝京の名将・前田三夫監督も、かつて「最近は都立だから、みたいな視線で見ていない」とコメントしていたほどである。すでに城東、雪谷、小山台は甲子園を経験したが、そのほかにも、足立新田、文京、江戸川、高島といった実績の多い好チームが存在する。

見逃しがちなのが「東京の離島」勢。特に大島は過去、東東京大会で上位進出の実績も複数ある好チーム。今後の人口減などを考えれば、あまり現実的ではないかもしれないが、島の高校が東京を代表して甲子園に出場、なんてことになったら大いなるロマンではないだろうか。

**春夏通算出場回数ベスト3**

| | | |
|---|---|---|
| 1位 | 帝京 | 26回 |
| 2位 | 関東一 | 13回 |
| 3位 | 日大一<br>堀越 | 10回 |

## 西東京

130校

# もはや「都立」のレベルを超えた!? 日野の力を全国で見せてほしい

東東京の安田学園に対し、かつて西東京の「大物悲願校」だった八王子は、2016年夏に甲子園初出場。飛び抜けた選手はいなくても全員の力で勝利を目指すチームの愛称は「ありんこ軍団」。磨き込まれた走塁もみごとだった。

現在の悲願校一番手は都立の日野。東東京同様、西東京も都立の躍進は2000年代のトピックだが、日野はもっとも甲子園に近い都立といえる。嶋田雅之監督の引き出しの多い指導と練習で磨かれた打力は、私立強豪レベル。2016年のドラフトでロッテに1位指名された投手・佐々木千隼もOBだ。2013年の夏は準優勝、2009年夏秋、2016年秋にはベスト4。日野に関しては「都立にもかかわらず」というワードを用いること自体がもはや失礼かもしれない。

日野のほかには、片倉、昭和、総合工科などが上位に食い込む主な都立校。特に総合工科は、世田谷工と小石川工が統合して2006年に開校した高校だが、当初から野球強化を学校の特色としてアピール。充実した指導体制を整えて、創部4年目の夏には東東京大会で（当時、世田谷区は東東京所属）8強に食い込むなど、早くから成果を出した。2017年夏には16強まで進出して日大三に2対3で敗戦。少しずつ階段を上ってきただけに、もうワンランク上の実力を身につけたいところ。2017年限りで、創部から指導に携わってきた有馬信夫監督が足立新田に異動。今、野球部は岐路に立っているといえそうだ。

都立校の陰に隠れているが、夏の西東京大会で準優勝2度、派手に勝ち進むわけではないが気がつけば上位にいる、といった印象なのが明大中野八王子。指導する椙原貴文監督は同校OBで、2000年夏の西東京大会準優勝時のエース。自身が逃した甲子園の夢を後輩に託し、伝統の粘り強いチームを育てている。

そのほか、都内有数のガチな進学校ながら、21世紀枠の推薦校にも選ばれるなど、強豪相手にも好ゲームをくり広げる桐朋、「次代の強豪校」という匂いを漂わす聖パウロ学園、早稲田実との「ワセダ」対決が話題を呼んだ早大学院なども、それぞれの特色の異なる悲願校の要素を持っている。

**春夏通算出場回数ベスト3**

| | | |
|---|---|---|
| 1位 | 早実 | 50回 |
| 2位 | 日大三 | 37回 |
| 3位 | 桜美林 | 10回 |

## 神奈川

186校

# 強豪だらけの全国最多参加地区は悲願校の実力も全国屈指！

神奈川には全国有数の悲願校が存在する。

まずは横浜創学館。旧校名である横浜商工時代から優勝候補に名前が挙がる存在で、上位進出&プロ野球選手輩出実績も豊富だ（P046）。次に向上。こちらも、1976年夏に準優勝するなど40年以上前から神奈川の有力校として歩んできた。1984年夏には〝デカ〟の愛称でプロでも活躍した高橋智（元・オリックスほか）が投打にチームを牽引して準優勝。その後、低迷期もあったが、現在の平田隆康監督が2003年に就任すると徐々に復活。2014年夏には30年ぶりに決勝進出を果たしたが、結果はまたもや敗戦。OBのプロ野球選手も複数おり、悲願度は横浜創学館に勝るとも劣らない。2020年には新・専用グラウンドが完成予定。環境の整備が甲子園出場に結びつくか。

実力校目白押しの神奈川でも、悲願校という点では、実績、歴史ともにこの2

校がダントツ。早く甲子園でプレーする姿が見たい。

この2校に続く存在を挙げるなら、私立ならば日大高だろうか。2010年以降、秋春の県大会では準優勝を経験済み。夏も2017年にベスト4へと進んでいる。もし横浜創学館や向上が今後も甲子園を逃し続けると、日大高が2校と並び、悲願校先頭グループとなるかもしれない。そのほか、相洋、立花学園、三浦学苑、橘学苑、光明相模原なども長期間、一定の実力をキープしている私立だ。

公立では、市立校で、阿波野秀幸（元・近鉄ほか）を送り出し、準優勝経験もある桜丘は、近年、成績にアップダウンがあり目立つ上位進出はないが、歴史を考えると悲願校といえるかも。

一方、1951年夏の希望ヶ丘が最後の甲子園出場校となっているのが県立校。佐相眞澄監督が率いる県相模原は、2014年秋はベスト4、2015年春は準優勝、2018年夏も北神奈川大会の準々決勝で東海大相模に1点差で敗れるなど、悲願校的要素がある（P066）。

そのほか、市立校では、戸塚、金沢、県立校では弥栄、大師、瀬谷なども健闘中だ。

**春夏通算出場回数ベスト3**

| | | |
|---|---|---|
| 1位 | 横浜 | 33回 |
| 2位 | 東海大相模 | 20回 |
| 3位 | 横浜商 | 16回 |

# 山梨

35校

## 「隠れ悲願校」が3校潜む。派手さはないが実績は豊富

山梨には長い間、健闘を続けている「悲願校」が複数存在する。一番手は帝京三。1990年代半ばから県上位の成績を挙げ、極端な不振に陥ることもなく実力を維持しているが、東海大甲府や山梨学院の壁に甲子園行きをさえぎられてきた。同じく1990年代から健闘を続ける富士学苑も悲願歴は長い。ただ、2010年代の上位進出ペースはやや落ちている。さらには駿台甲府。こちらも1990年代を中心に県上位の成績を記録。その後、やや成績を落としたが、2015年にOBで元プロ野球選手の深沢和帆監督(元・巨人)が就任すると再び上昇傾向へ。しかし、2018年6月に深沢監督が辞任。今後の行方が気になるところだ。

以上、3校はすべて私立。公立では、2015年夏に準優勝の甲府城西に勢いがある。3校に割って入ることはできるか。

春夏通算出場回数ベスト3

| | | |
|---|---|---|
| 1位 | 東海大甲府 | 18回 |
| 2位 | 甲府工 | 13回 |
| 3位 | 山梨学院 | 10回 |

## 静岡

111校

# 老舗有力校は軒並み甲子園経験あり 残された飛龍の悲願成就はいつ？

名門・静岡が中心に存在し、その他の有力校は時代ごとに入れ替わる、というのが静岡県の基本的な構図。よって、悲願校のイメージがある高校でも、歴史をひもとくと甲子園出場があったりする。日大三島、御殿場西などはその典型だろう。つまり「数は少ないが甲子園出場歴はある」という高校が多いのだ。

逆に1回くらい甲子園に出ていそうなのにじつは未出場という稀有な存在が飛龍。校名が沼津学園だった頃から健闘を続け、杉山直樹(元・巨人)、杉山賢人(元・西武ほか)、平井克典(西武)らプロ野球選手も輩出。継続して野球強化に取り組んでいる印象だが、なかなか流れに乗り切れない。

ときおり上位に顔を出す、加藤学園や聖隷クリストファー、他校で甲子園出場監督である前監督の父とともに、部長時代からチーム強化を進めてきた初鹿文彦監督率いる知徳も悲願校の側面が。

春夏通算出場回数ベスト3

| | | |
|---|---|---|
| 1位 | 静岡 | 41回 |
| 2位 | 浜松商 | 17回 |
| 3位 | 静岡商 | 15回 |

# 新潟

87校

## 2強の壁に挑み続けている新旧の悲願校が聖地行きを競う

2000年代に入ってからの新潟の甲子園出場校は、日本文理、新潟明訓、中越の3強が中心。こうした県は悲願校が生まれやすいが、新潟も同様で、悲願校候補の顔ぶれは多彩だ。

まず一番手は村上桜ヶ丘。新発田農を甲子園に導き、加藤健（元・巨人）や富樫和大（元・日本ハム）を育てた松田忍監督が2000年に就任。放置ぎみだった市の運動場を、手作りで野球のグラウンドに整備してチームも強化。2013年春には県優勝、同年夏には準優勝と上位常連の公立校に成長する。その後も好成績を残し、2017年選抜には、3回目となる県の21世紀枠推薦校にも選ばれ、2017年のドラフトでは、OBの椎野新がソフトバンクに指名された。村上市内の高校はいまだ甲子園出場校がなく、その点でも悲願校の要素は強い。

気がかりなのは70歳を目前とした松田監督が、いつまで指揮をとれるか。後継指導者がいれば問題はないが、甲子園初出場の夢は、やはりゼロから有力校に育てた松田監督に叶えてほしい。

公立の村上桜ヶ丘に対し、私立の悲願校筆頭はどこかとなれば、現在なら北越だろうか。2000年以降に県上位常連となり、2011年春には県準優勝し、同年秋には優勝。2012年春、2014年夏秋、2016年春、2017年夏秋と県4強以上の成績を残すなど、近年の安定感では随一。大一番での勝負弱さが感じられるので、その壁をどう乗り越えるかが見物だ。

近年の成績では北越に軍配が上がるが、健闘期間の長さならば関根学園も外せない。1990年代から県大会となればダークホースとして名が挙がり、ベスト8には定期的に顔を出す。近年は亜細亜大出身の安川斉監督の指導のもと、2014年夏には準優勝、2018年春も準優勝と爆発力も秘めている。特に、2014年夏は2対1のリードで迎えた9回裏に逆転サヨナラ3ランを浴びるなど本当にあと一歩で敗れた。学校のある上越市は1990年の高田工(現・上越総合技術)以来、甲子園出場校を出していないだけに、地域の期待も大きい。

さらに、かつての勢いはやや衰えたものの、公立実力校の古株といえば五泉。夏の新潟大会では、1987、1994、2007、2009年にベスト4進出と継続して実力を保っている。2010年代も、2012年秋、2015年秋にベスト4。五泉地域は野球が盛んで、それがチームを支えている側面もある。甲子園出場となれば喜ぶ関係者も多いだろう。

同様に、健闘期間の長さであれば、私立の東京学館新潟にも触れておきたい。こちらも1990年代から中堅校として活躍。近年の成績安定度では北越などに劣るが、それでも2015年秋には県3位と一定の実力はキープしている。

逆に近年、有力な公立として台頭してきているのが長岡大手。指導するのは、2003年春には21世紀枠で柏崎を、2008年夏には新潟県央工を、それぞれ甲子園に導いた鈴木春樹監督。指導力もさることながら、監督の「甲子園運」にも期待したくなる。2016年春にベスト4。悲願校と呼ぶにはまだ早いが、今後、チェックしておきたい存在だ。

ほかにも、新潟産大付や帝京長岡、さらには、開志学園、加茂暁星あたりも「悲願校の卵」的存在。1960年代から定期的に上位に顔を出す巻も記憶しておきたい。

**春夏通算出場回数ベスト3**

| | | |
|---|---|---|
| 1位 | 日本文理 | 14回 |
| 2位 | 中越 | 11回 |
| 3位 | 新潟商<br>新潟明訓 | 8回 |

## 長野

85校

# 「御三家」のラスト1校か、新たに台頭した新興悲願校か

かつて長野には「御三家」と私が勝手に呼んでいた悲願校があった。東京都市大塩尻、上田西、諏訪清陵の3校なのだが、そのうちの2校は卒業してしまった。東京都市大塩尻は、信州工～武蔵工大二と、旧校名時代から有力校の座を維持。甲子園出場経験はなくても、信州工時代には亜細亜大に進み、1990年のドラフトで8球団から1位指名された小池秀郎（元・近鉄ほか）を世に送った。武蔵工大二時代には、今をときめく菊池涼介（広島）を生むなど、好選手を育てる、県内では古株の有力校だった。甲子園初出場は2011年である。

上田西は東京都市大塩尻とは対照的に、新興有力校として、1990年代から県内で存在感を増してきた。県大会で実績を残しつつ、こちらも、雄太（川井雄太／元・中日）、藤澤亨明（西武～四国IL・愛媛）といったプロ野球選手や、タイ代表の投手として活躍した白倉キッサダーなどを輩出。念願の甲子園初出場をつかんだのは

2013年のことだった。

最後に残った諏訪清陵は御三家唯一の公立校。創立120年を超える地域一の伝統校かつ進学校である。制服や校則がない生徒の自治を基本とした学校で、ユニークな行事も多い同校。野球では諏訪中時代の戦前に県準優勝経験があったが、その後、何かと特別扱いされる野球部は校風に合わないと何度も廃部の憂き目にあうという、高校球界でも珍しい歴史を歩んだ。ちなみに戦前は、「野球は大会のためにするのではない」と、県大会などには参加せず、周辺の高校との対抗戦のみを行っていた時期もあるという。

その後、野球部は1970年代半ばから本格的に復活。1990年代から県大会で上位進出が目立ってきた。ただ当時も、県外の高校との練習試合は避けるという伝統の方針が残っており、1993年春に出場した富山県での春季北信越大会は、その代のチーム初の県外での試合だった。

以降、夏は1996年と2004年に準優勝。秋も2005年に準優勝、春は2002年に優勝も果たしている。まさに文武両道を地で行く活躍。大学野球にも人材を送り込んでいた。もちろん、21世紀枠の候補校に推薦されたことも数回あるが、巡り合わせが悪かったのか、一度も選出されることがなかった。

近年は1990年代に比べると成績は低調気味。それでもベスト8に残ったり、強豪と好ゲームを繰り広げたりはしている。甲子園に出場すれば大応援団が駆けつけることは確実なタイプの高校。なんとか御三家のしんがりを務めて悲願校卒業となってほしい。

そのほか近年は、私立では松本第一が2009年、2012年夏に準優勝、2016年春には初めて県を制した。2018年秋にも県準優勝で出場した北信越大会でベスト8まで勝ち進むなど甲子園が目の前に迫っている。

この2校に、まだ悲願度では及ばないが、1950年代から1960年代にかけて活躍していた小諸商は、近年に復活。夏は2011、2015、2016年とベスト4。秋は2014、2016年と3位で北信越大会出場。2017年春には優勝と、安定して上位進出している。

松本第一も小諸商も、甲子園出場が叶わぬまま現在の状態が続けば、諏訪清陵と合わせて新・悲願校御三家となりそうなので、壁を破ることを期待したい。

**春夏通算出場回数ベスト3**

| | | |
|---|---|---|
| 1位 | 松商学園 | 52回 |
| 2位 | 長野商<br>丸子修学館 | 11回 |

## 愛知

186校

# 「私学4強」の前に涙をのんできた数多くの悲願校が初の聖地を争う

大都市・名古屋を抱え、全国有数の激戦区でありながら、甲子園出場の多くは、愛工大名電、享栄、中京大中京、東邦の私学4強が占めてきた愛知県。それだけに歴史的に悲願校が出やすい県だった。

たとえば、かつて全国有数の悲願校だった豊川。出身プロ野球選手が10人を超えるなど、1950年代から県内では有力校だったが、甲子園にたどり着いたのは2014年春。愛知大会準決勝で敗れるも、初のプロ野球選手を出した1953年から約60年後の悲願達成だった。苦難の歴史を歩んだ選手、野球部関係者はもちろん、私立だけに、学校関係者もよく甲子園をあきらめなかったと感嘆してしまう。ちなみに、初の甲子園となった選抜ではいきなりベスト4に進出。宮城の利府と並び悲願校の力を見せつけてくれたのも印象深い。

さて、そんな豊川が「卒業」した愛知の悲願校だが、さすがというか選出に困ることはない。まずは中部大春日丘。1980年代から（現在とは出場校規定が異なった時代ではあるが）明治神宮大会に出場したり、プロ野球選手を輩出するなど県内では実力校として知られ、1990年代には有力な優勝候補に挙げられた。その後、成績を落とした時期もあったが、2010年代より再び上位進出が目立つようになり、2018年秋も県3位で東海大会に出場と復調してきた。

中部大春日丘に続くのは、この20年ほどで力をつけてきた新興校とも呼べる私立校。まずは桜丘。2000年代に入った頃から上位進出するようになり、今では「ベスト8おなじみ」といった存在になってきた。現状、爆発力はないが中堅校としての地位は確立している。一方、桜丘に比べると後発ではあるが、最近の成績ではむしろ新興校の一番手となっているのが誉。2014年秋、2018年春に優勝と、秋春の県は制した。残すは甲子園に直結する夏の制覇である。逆にまだ県制覇経験はないものの、決勝進出2度と夏に強さを発揮しているのが栄徳。私学4強のひとつ、享栄の兄弟校だが、この10年に関しては互角、あるいは兄をしのぐほどの成績で伸びてきた。

また、豊橋中央も、県大会成績ではまだベスト4が一度だが、谷川原健太（ソフトバンク）など力ある選手を育てて台頭してきている。2002年に同好会からスタートしてから約15年、創部から指揮をとる樋口靖晃監督の歓喜のシーンは見られるか。近年はふるわないが、「老舗」悲願校、杜若の今後も気になる。

このように、悲願校それぞれに個性がある愛知。だが、まだまだ悲願校は存在する。続いて公立編だ。昔から槙原寛己（元・巨人）、赤星憲広（元・阪神）らを輩出した大府や、今も上位常連の豊田西、〝ライアン〟小川泰弘（ヤクルト）を生んだ成章など、私学4強の隙間を縫って甲子園にコマを進める公立があった愛知だが、その歴史を受け継ぎそうなのが岩瀬仁紀（元・中日）の母校・西尾東。寺沢康明監督は「本気で甲子園を狙う」と話し、事実、2018年の東愛知大会では決勝に進出。惜しくも愛産大三河に敗れたが、続く2018年秋もベスト4に残った。毎年のように好投手が育つのは豊田工。平松忠親監督の育成手腕は高く評価されていたが、2018年夏で退任。今後が気になる。

私立から公立まで、力と個性を兼ね備えた悲願校がひしめく愛知は、まさに「悲願校激戦区」。逆を言うと、こうした高校の挑戦をはねのけてきた私学4強の凄みの証明にもなるのだが。

春夏通算出場回数ベスト3

| | | |
|---|---|---|
| 1位 | 中京大中京 | 58回 |
| 2位 | 東邦 | 46回 |
| 3位 | 愛工大名電 | 21回 |

## 岐阜

68校

# 有力な悲願校は不在だが「悲願監督」に注目したい

「ここ！」という悲願校が見当たらない岐阜県だが惜しい候補はいる。まず岐阜総合学園。夏は2003、2004、2007年と準優勝3回。ただ、2010年代は勢いがやや落ちている。次に大垣南。1992、1994、1999、2008年の4度、夏に準優勝。しかし、2010年以降は決勝進出はない。つまり、両校とも現状の力が物足りない、となるわけだ。

ところが、この両校、別方向からの視点がある。じつは岐阜総合学園の3度の準優勝と、大垣南の2008年の準優勝は、すべて現在、大垣南を率いる川本勇監督が部長・監督として携わっているのだ。川本監督は「悲願監督」といえよう。とはいえ悲願校の基準はあくまで学校。となると、2014年夏にもベスト4で同年秋は優勝の岐阜総合学園が、わずかにリードとなるだろうか。

春夏通算出場回数ベスト3

| | | |
|---|---|---|
| 1位 | 県岐阜商 | 56回 |
| 2位 | 中京学院大中京 | 11回 |
| 3位 | 大垣日大 | 8回 |

# 三重

63校

## 皇學館との悲願校争いから近大高専が抜け出したか

長く三重の代表的悲願校だった菰野の「卒業」後、悲願校一番手の座を争ったのは、皇學館と近大高専。ともに2000年代以降に存在感を増してきたチーム、県内勢力図におけるポジションでも似ていたが、現状では「高専初の甲子園」という悲願も担い（P078）、成績や好選手輩出でもややリード気味の近大高専が一番手となるだろうか。皇學館は、山口の宇部鴻城を甲子園に導いた皇學館大OBの岡部博英監督が退いた以降も時折ベスト8に顔は出しているが、甲子園が現実的かといわれると少々厳しい印象。また、決勝で悲劇的敗戦経験のある津西も、悲願校候補として名をとどめておきたい。

余談だが、近大高専は2011年に熊野市から名張市に移転。その校地は名張市から伊勢市の本部に移転、統合した皇學館大の名張学舎キャンパスだった。偶然なのだが、不思議な縁を感じる。

春夏通算出場回数ベスト3

| | | |
|---|---|---|
| 1位 | 三重 | 25回 |
| 2位 | 海星 | 13回 |
| 3位 | 明野 | 8回 |

## 富山

49校

# 常連・富山国際大付の座を復活目指す高岡向陵が追う

富山の悲願校といえば富山国際大付。1998年に創部、1999年秋には早くも県4強進出。2011年春には優勝、同年夏も決勝進出したが惜しくも新湊に敗れ準優勝。その後も2017年夏に4強進出するなど実力をキープ。

気になるのが高岡向陵。1986年春の優勝を筆頭に、春夏秋の各県大会の4強進出多数、1980年代から2000年頃まで県内有力校の一角を占めたが、以降、低迷していた。それが2017年、かつて新湊を率いて選抜で県勢初のベスト4進出、「新湊旋風」を起こした檜物政義監督を招聘。復活への道を歩み始めている。

この2校のどちらが先に甲子園をつかむかは興味深い。ただし、公立にも近年、実力を伸ばしている富山東という存在もおり、ウカウカしているとこちらが先に甲子園出場、なんてことも……。

春夏通算出場回数ベスト3

| | | |
|---|---|---|
| 1位 | 高岡商 | 24回 |
| 2位 | 富山商 | 22回 |
| 3位 | 新湊 | 7回 |

石川

49校

# 低迷するも再起してきた珍しいベテラン(?)悲願校

49地区の中でも少し不思議な悲願校模様を呈するのが石川県。金沢学院という典型的な悲願校が存在することは存在する。1990年代以降に上位進出が増え始め、2018年夏も決勝敗退。好選手を育てたり、プロでも活躍した金森栄治監督（元・西武ほか。現在は退任）を招聘したりと学校側も力を入れている。

ならばそれで決まりじゃないか、と思われるかもしれないが、石川の面白さはここから。まずは以前、金沢学院と激しく悲願校の座を争っていた金沢龍谷。尾山台という校名であった1990年代から健闘が目立ち始め、1992年秋には準優勝。1998年には夏も決勝進出を果たした。その後も実力を保ち、2010年夏にも準優勝。ここまでは金沢学院を上回る悲願校といえたのだが、2010年代に入り低迷。県大会でも序盤での敗戦が目につくように。しかし、2018年4月に現校名となり気分一新。あらためて甲子園を狙っている。

公立であれば寺井。秋は1980年代前半に2度優勝、春も1989年に優勝。その他にも準優勝やベスト4経験も複数あるなど石川ではダークホース的な公立として知られていた。だが、北信越大会や夏の石川大会になると勝てない。夏のベスト4経験は7度。そのたび、星稜、金沢、遊学館に敗れるなど典型的な「甲子園が近づくと勝てない悲願校」であった。ここも2000年代に入ると上位進出ペースが鈍くなっていたが、2010年代からは復調の兆しを見せ始め、2017年は春夏連続ベスト4の成績を残した。2018年には、金沢商で実績を残した丸山大輔監督が就任。しばらくは実力をキープできそうである。

同じく公立では、津幡も1980年代から活躍しており、その実績は寺井に勝るとも劣らない。ただ、こちらは1990年代に少々、上位進出ペースがダウンしてしまう。だが2007年春の優勝をきっかけに復調。2013年秋には優勝、2015年夏にはベスト4と再び勢いが出てきている。

長く健闘していた悲願校要素の強い3校が、不振後、盛り返す例は珍しい。その点で石川の悲願校事情は面白いのだ。

**春夏通算出場回数ベスト3**

| | | |
|---|---|---|
| 1位 | 星稜 | 31回 |
| 2位 | 金沢 | 22回 |
| 3位 | 遊学館<br>金沢桜丘 | 7回 |

## 福井

30校

# 全国有数の「健闘期間」鯖江が他校を圧倒的リード

極端な不振の時代がなく、大勝ちするわけではないが、気がつけば県上位にきている。そんなタイプの悲願校の代表格が福井の鯖江だ（P074）。

続くのは、2000年代以降に台頭した私立の啓新……だったが、2019年の選抜に出場予定。となると、次は時折上位に顔を出す羽水の名前が挙がるが、上位実績、安定感ともに少し物足りない。

惜しいのは足羽。秋は1981、1985年に制覇、春も1983、2002年に制覇、2002年春には北信越王者にも輝いているが甲子園出場はナシ。1983年夏には決勝戦に進出するも北陸に敗れている。2001、2003年には21世紀枠の県推薦校にも選ばれるなど悲願校の資格じゅうぶんだが、2010年代は初戦敗退が目立つなどガクンと成績を落としている。

春夏通算出場回数ベスト3

| | | |
|---|---|---|
| 1位 | 福井商 | 39回 |
| 2位 | 敦賀気比 | 24回 |
| 3位 | 敦賀 | 21回 |

# 滋賀

50校

## 綾羽の復調が本物なら文句なしの悲願校となるが

滋賀は現状、これといった悲願校が見当たらない。一時は滋賀学園がその座に君臨しそうだったが、2009年夏に甲子園初出場。それ以前、1980年代から1990年代頃は栗東が悲願校にふさわしい活躍を見せていたが、1990年代末から成績は低下。現在、優勝をねらえそうな雰囲気はない。

ただ、栗東と入れ替わるように活躍し始めた、綾羽という高校がある。2005、2007年と秋準優勝、2008、2009年は春準優勝、2008年は夏も準優勝だった。だが、こちらも2010年代半ばから勢いは失速気味に。ほかには、地味ながら時折上位進出する八日市南や八幡工もいるが、決め手には欠ける。ただ、綾羽は、2018年に夏準優勝で復活の兆しが見え始めた。低調期もベスト8進出はあったので、トータルでは綾羽が現在の滋賀の悲願校一番手か。

春夏通算出場回数ベスト3

| | | |
|---|---|---|
| 1位 | 近江 | 18回 |
| 2位 | 八幡商 | 14回 |
| 3位 | 比叡山 | 13回 |

京都

75校

# 初の甲子園を目指す新興校がひしめく地区

強烈な悲願校は少ないが、同レベルの悲願校や悲願校候補がひしめいているのが京都。その中でトップに立っているのは、塔南と京都すばるだろうか。

塔南は、1998年、あの「松坂世代」の夏の甲子園、京都成章を率いて準優勝という結果を残した奥本保昭監督が2007年に就任して以降、メキメキと力をつけ、今や府内有力校の一角を占めるに至った。OBのプロ野球選手には駒月仁人(西武)、森脇亮介(西武)がいる。2008年秋には府3位で近畿大会出場、2010年秋には府大会優勝と早い段階で選抜にはジワジワと近づいていた。春も2016、2018年に準優勝。ただ夏は分が悪く、奥本監督就任以降、4強進出は2016年のみ。序盤で敗退してしまう年もある。初の甲子園は、ハードな夏の大会で実力を発揮し続けられる体と心のタフさがキーかもしれない。

京都すばるも、塔南同様、実績のある監督の赴任が成長のきっかけ。2003

年に、京都府商が学科改編、校名変更して誕生した同校に、北嵯峨、鳥羽を甲子園に導いて一時代を築いた卯瀧逸夫監督が教頭として赴任。総監督を務めることになり強化が進んだ。2007、2014年と夏の京都大会で決勝進出、甲子園寸前まで迫る活躍を見せ、中村憲(元・広島)、岩橋慶侍(ヤクルト)などプロ野球選手も輩出している。

このように甲乙つけがたい両校だが、京都すばるは、秋春はベスト4が最高で近畿大会経験はなし。夏も決勝進出経験はあるものの、年によって成績の差がやや激しい。全体的な成績の安定度では、塔南が若干リードだ。

面白いのはこの2校に続く悲願校候補である。

まずは北部勢。歴史的に京都は、京都市内勢の強さが目立ち、北部では福知山成美が孤軍奮闘という状況だったが、近年、力をつけた高校が増えている。代表格が2017年春に準優勝、同年夏はベスト4と勢いに乗っている綾部。伝統的公立校でもあるため、甲子園出場となれば地元も盛り上がりそう。

また、各種大会でベスト8に顔をのぞかせ、2015年夏にはベスト4にも進出した福知山市の私立、京都共栄も注目だ。率いる神前俊彦監督は、1982年、

**春夏通算出場回数ベスト3**

| | | |
|---|---|---|
| 1位 | 龍谷大平安 | 74回 |
| 2位 | 京都外大西<br>京都学園 | 15回 |

母校である大阪の府立、春日丘を率いて夏の甲子園に出場した実績の持ち主。府立ながら激戦区・大阪を勝ち抜いた手腕が再び発揮されるか。

同じくベスト8に顔を出し始めた舞鶴市の私立、日星は、プロ野球選手も送り出している。今後の結果が気になる高校である。

北部勢以外だと、京都国際が2015年以降はグッと安定感が増し、2018年夏は4強、同年秋は準優勝と充実した結果を残し始めている。もともとは京都韓国学園という校名。外国人学校として初めて高野連に加盟した高校としても知られる。現在は一条校（学校教育法第一条に定められた学校の総称。外国人学校は含まれない）となったが、ルーツが外国人学校という高校の甲子園出場はまだない。「全国初」の可能性も秘めた悲願校候補といえるだろう。

このように、初の甲子園を狙う高校がひしめく京都。甲子園経験校も、盟主的存在の龍谷大平安に加え、福知山成美、京都外大西、東山、鳥羽、立命館宇治、京都成章など、追う存在も豊富。そのうえ、近年も京都翔英、乙訓という甲子園初出場校を輩出したばかり。まさに「戦国」といえる状況だ。

奈良

39校

# 奈良大付がめでたく「卒業」老舗と新興が激しく覇を競う

天理と智弁学園という2強が圧倒的な甲子園出場実績を持つ奈良。一般的にこういった地区には悲願校が生まれやすいが、現状、象徴的な1校はない。というのも、長く典型的な悲願校であった奈良大付が、2015年の選抜で「卒業」したから。いわば今は新たな悲願校の「醸成期間」といった状態なのだ。

では「醸成」されているチームはどこか。まず期待していたのは関西中央。もともと桜井女子という私立の女子校で、1999年に共学化して野球部の強化に乗り出した。これは2000年代以降の高校球界におけるトレンドのひとつ。その流れに乗ってすぐさま甲子園に迫る活躍を見せるかと思ったが、現在のところベスト8常連ながらも、もうワンランク上の実績は少ない。選手の能力が低いわけではないので、今後、一気に甲子園出場を決める可能性はある。

公立では、登美ケ丘だろうか。こちらも2000年代に入り、県内では指導手腕を評価されていた北野定雄監督が就任したことで実力アップ。上位進出が目立ち始め、2007年秋には県ベスト4。以降、2008年夏に4強、2010年春は準優勝。以降もベスト8にはしぶとく顔を出し、2018年秋はベスト4に進出した。北野監督はすでに他校へ異動となったが、その後も公立のダークホースというポジションにある。

老舗の公立ならば、畝傍。1980年代から上位進出していた公立校だが、天理と智弁学園に跳ね返される戦いを続けてきた。各種県大会で優勝経験はなく、短い低調期もあるが、基本的には継続して実力をキープ。2010年代に入ると、2011年夏にベスト4、2012年夏は準優勝、2014年は春夏ともにベスト4、2015年夏もベスト4と県上位グループといってもよい成績を挙げた。ただ、直近では少し勢いが衰え気味なのが気になる。

この3校からはたしてどこが決定的悲願校として抜け出すのか。奈良の悲願校争いは、これからが面白いが、関西中央と登美ケ丘に比べ、歴史の長さを尊重し、現状では畝傍を一番手にしておきたいところだ。

**春夏通算出場回数ベスト3**

| | | |
|---|---|---|
| 1位 | 天理 | 51回 |
| 2位 | 智弁学園 | 30回 |
| 3位 | 郡山 | 12回 |

## 和歌山

39校

# 県全体のレベルの高さが悲願校不在という状態をつくる

和歌山は、智弁和歌山という「王者」が君臨しており、過去は、箕島、旧制・和歌山中（現・桐蔭）という絶対王者も存在した。ゆえに、比較的、悲願校が生まれやすい地区といえる。が、その割に強力な悲願校が長く存在していない。

和歌山県は全出場校が40校前後とそれほど多くはないが、その中の半数は、上位を狙える力を秘めているといわれる。つまり、智弁和歌山という王者は存在しているものの、それを追う第2グループは数が多く力も拮抗しているのだ（あえて言うなら市和歌山が実績では若干リードしている）。それが印象深い悲願校が生まれにくい理由になっているのではないだろうか。

期待しているチームはある。まず近大新宮だ。県南部唯一の私立として存在感のある高校だったが、野球部の創部は2005年。大阪の近大付で実績のある豊田義夫監督が就任したこともあって、当初から実力のある部員が集まり、いきな

**春夏通算出場回数ベスト3**

| | | |
|---|---|---|
| 1位 | 桐蔭 | 36回 |
| 2位 | 智弁和歌山 | 35回 |
| 3位 | 向陽 | 22回 |

り1年生だけでベスト8に進出。しかし、そこから豊田監督の退任などもあってか足踏みが続いた。ただ、2010年以降は2012年夏にベスト4、2013年春は準優勝、秋はベスト4と一定の実力は保っている。もう少し安定感が増してくれば自信をもって悲願校に推せるのだが……。

近大新宮が足踏みをしている間に台頭してきたのが、公立の和歌山東。2010年に軟式野球部が硬式に移行。かつて和歌山商を久々の甲子園に導いた米原寿秀監督が就任して短期間で実力をつけた。2013年夏にベスト4に入ると、県大会上位の常連となり、2014年秋には準優勝。2016年秋には初めて和歌山を制した。以降もコンスタントにベスト8以上の成績をマーク。市和歌山とともに智弁和歌山を追うグループの先頭になりつつある。このままの状況が続けば、近大新宮より和歌山東が悲願校一番手になるかもしれない（というか一気に甲子園出場もありそう）。

そのほか、元プロ野球選手の岡本哲司監督（元・大洋ほか）が率いる和歌山南陵や、ここ1、2年の成績が目覚ましい紀北工も、今後の結果次第では両校に割って入ってくる可能性のある高校だ。

## 大阪

175校

# 残された超大物私立悲願校。続くは成長著しい公立勢か

現在、高校球界の王者といっても過言ではない大阪桐蔭と、甲子園、選抜の決勝で大阪桐蔭と相まみえ、「大阪対決」と沸かせたライバルの履正社。近年、大阪の甲子園はこの2校がかなり高い確率で占めていることもあり、そのぶん、悲願校も出やすい地区といえる。

とはいえ、全国トップクラスの野球どころ、野球留学で全国に選手が散らばってはいるが、甲子園初出場を狙う実力派チームは時代を問わず存在し、初出場校も一定間隔で出してきた。この10年間でも東大阪大柏原、大阪偕星が初の聖地を踏んでいる。

また、1990年代後半から2000年代初頭にかけても、大阪学院大高、東海大大阪仰星、履正社、上宮太子、関西創価、金光大阪といった私立が甲子園初出場を記録。この期間はそれまで大阪の中心的存在だったPL学園と上宮が、以

前ほど勝てなくなってきた時期と、大阪桐蔭と履正社が現在の2強時代を築く狭間の時期。大阪で悲願校的要素を持つ、中堅私学のポジションにいた高校が甲子園を狙いやすかったともいえる。

そんな中、私立最後の「超大物悲願校」といえるのが大商大堺。大阪では長い間、実力校として知られ、２０１５年春には大阪桐蔭を倒して優勝するなど上位進出も多数。２０１８年夏の南大阪大会でも準優勝だった。これだけ実績を残しているのに甲子園出場歴ナシというのが本当に不思議である（P０５０）。ただ、言い方をかえれば、私立で目立つ悲願校は大商大堺くらい。大阪学芸が野球に力を入れ始めているが、悲願校と呼ぶにはまだ早い。現在の大阪の悲願校は公立が中心だ。

まずは、２０１７年夏の大阪大会決勝で大阪桐蔭相手に10対8と接戦、それも打撃で対等にわたり合った大冠。創部は１９８６年と、比較的新しめの学校であるが、２００２年秋にベスト8に残った頃から上位進出が目立ち始め、２０１４年春は3位、２０１５年夏にはベスト4進出。そして２０１７年夏には前述したように決勝進出を果たした。公立の宿命として、教員が監督の場合は異動という問題がついてまわる。せっかく実力をつけ始めた頃に、指導していた教員の監督が他校へ……というのは全国の公立校で見るせつない光景だ。

しかし、大阪には「指導教諭」という地位(制度)があり、この試験に合格すると勤続年数がリセットされ、ひとつの高校での長期指導が可能になる。大冠を率いる東山宏司監督は、この制度を利用して長期間、大冠の実力を養ったのだ。2017年の結果のとおり、私立強豪にもひけを取らない打撃力が魅力の大冠は、夏の甲子園では1990年の渋谷以来となる「府立校の甲子園出場」有力候補である。

また、大冠と並び「公立の雄」といえるのが汎愛。体育科を持つ市立校で、公立の中では長く実力校の地位を保っている。ベスト16あたりまではコンスタントに顔を出し、近年では2011年春に準優勝、2016年春もベスト4に進出。2011年から指揮をとる井上大輔監督はOB。「打倒私立」に燃えた前任の福原和行監督(現・大阪監督)の教え子で、その熱意を受け継いでいる。

そのほか、体育科があり部活動が盛んな大塚も公立ではチェックしておきたい存在だ。

**春夏通算出場回数ベスト3**

| | | |
|---|---|---|
| 1位 | PL学園 | 37回 |
| 2位 | 大体大浪商 | 32回 |
| 3位 | 市岡 | 22回 |

# 兵庫

162校

## 有力悲願校が「卒業」。争いを抜け出すのはどこか

現在、甲子園でも活躍し、兵庫の有力校として知られる社や明石商は、かつて兵庫の悲願校と呼ばれる存在だった。その2校が「卒業」した今は、特定の強力な悲願校は存在しない状況である。

社の「卒業」後、明石商の台頭までは、伊丹市にある伊丹西と伊丹北の県立2校を悲願校としていた。伊丹西は長見賢司(元・西武ほか)、鈴衛佑規(元・広島)といったプロ野球選手を輩出。伊丹北も、OBのプロ野球選手に中島宏之(巨人)、田中総司(元・ダイエー)、山岡洋之(元・阪神)がいるなど、好選手輩出に特筆すべき点があったからだ。ただ、現在はその流れがストップしており、チームとしても県の地区大会や県大会序盤で敗退が目立つ。正直、悲願校とは言いがたい。

そんな兵庫だが、悲願校「候補」となれば名前がいくつも挙がる。

まず筆頭といえるのが、三田松聖。元は湊川女子という私立の女子校で、20

04年の共学化をきっかけに現在の校名に改称。「松坂世代」の大西祐監督が野球部を強化して2010年前後から県8強に顔を出すようになり、2013年秋には準優勝。近畿大会もベスト8で甲子園まであと一歩だった。その後も、2014年夏に準優勝と一躍、兵庫の有力校に躍り出る。2015年以降はチームとしては上位進出ペースが落ちたが、2017年のドラフトで稲富宏樹がオリックスから育成1位指名を受けて入団。同校初のプロ野球選手となった。私立の悲願度ではいえばひとつ抜けた存在である。

公立は複数の候補校がある。まず東播磨。加古川北の監督として2度、甲子園出場歴のある福村順一監督の就任後に力をつけてベスト8、ベスト16に入り始めている。アイデアマンで、ハンデは工夫して克服、甲子園でもベスト8の経験を持つ福村監督がどのようなチームを作り上げるか興味深いところだ。

OBの才木浩人（阪神）の活躍も目立ち始めた須磨翔風は、2009年に須磨と神戸西、2つの市立校が再編・統合して誕生した高校。以降、8強に顔を出し始めた新鋭である。2015年春にはベスト4進出。2018年夏の東兵庫大会でもベスト8と勢いに乗っている。

また、2008年夏の西兵庫大会でベスト4入り、以降、2012年秋ベスト4で県の21世紀枠候補に選出、肘井竜蔵（元・ロッテ）を送り出した北条も、名前を覚えておきたい公立だ。

最後に「古株」の悲願校候補なのが淡路島の津名。夏は1978、1989、1991、2000年と4強。1996年春には県を制して夏の優勝候補にも挙げられた。もし淡路島からまだ甲子園出場校がなかったら文句なしの悲願校なのだが、同じ淡路島の洲本が春夏合わせて甲子園出場4回、1953年の選抜では優勝するなど立派な歴史があるため、地域性という点では弱い。ちなみに1975年夏の兵庫大会決勝は、津名と洲本が争う淡路島決戦。津名が敗れて甲子園を逃した。2014年の秋には4強と一定の実力は保っているが、もう一押し、安定した「現在の力」がほしい。

三田松聖か須磨翔風か津名か、あるいはその他の新鋭か。兵庫の悲願校争いに終止符を打つのはどこか気になるところ。1校に絞るとしたら、三田松聖や須磨翔風は悲願校として歴史がまだ浅いぶん、現状では津名になるだろうか。

**春夏通算出場回数ベスト3**

| | | |
|---|---|---|
| 1位 | 報徳学園 | 36回 |
| 2位 | 育英<br>滝川<br>東洋大姫路 | 19回 |

## 岡山

59校

# 山間部から甲子園目指す2校。岡山、倉敷に負けてたまるか！

岡山県は山間部である県北に甲子園出場校を送り出していない自治体が多い。

その視点で、まず津山市の作陽の名が挙がる。1970年代から県上位の成績を残し、秋春の準優勝は計6回。1980年秋は中国大会でベスト4入り。選抜出場はじゅうぶんあり得たのだが、同県の岡山理大付が準優勝。地域性も考慮されたのか落選となった。夏も1991年に準優勝で2009年、2011年はベスト4。ただ、最近は県大会で序盤敗退が続いている。今後、どうなるか。

作陽の低調が続けば、新見市の岡山県共生が入れ替わるか。2000年代以降に県上位に入り始め、2007年秋に準優勝。伊原正樹（元・オリックス）、李杜軒（ロッテ）、呉念庭（西武）、廖任磊（西武）らプロ選手も輩出。立派な専用球場もあるなど環境は抜群。ただ、こちらも2014年以降、ベスト8進出がないのが気になる。

春夏通算出場回数ベスト3

| | | |
|---|---|---|
| 1位 | 関西 | 21回 |
| 2位 | 岡山東商<br>倉敷工 | 19回 |

## 広島

89校

# 異論なしの悲願校・尾道を新興校が抜いてしまうか

広島の悲願校一番手は尾道。1970年代も上位進出実績はあったが、安定して実力校となったのは現在の北須賀俊彰監督が就任した2000年代以降。秋は2010年、春は2012年に優勝経験がある。2017年秋はベスト4進出で出場した中国大会でもベスト4に入り選抜出場の吉報を待ったが惜しくも落選となった。夏の決勝進出はまだないが、2008、2012年とベスト4入り。もはやいつ甲子園に出てもおかしくない悲願校である。北須賀監督は、自宅も選手が生活できる寮に改造。中国の古典に学ぶなど、人間力の向上にも取り組む。野球の技術だけにとどまらない熱心指導が報われる日がきてほしい。

尾道にインパクトでは劣るが、長い期間、健闘を続けているのが広島国際学院。旧校名の広島電機大付時代の1988年夏に準優勝。春は2002年にベスト4。また、2015年は優勝、1989、2010、2017年は準優勝と秋に強さを発揮するのも特徴だ。

そのほか、まだ悲願校というレベルではないが、甲子園をうかがう中堅校も多い。呉宮原の監督時代も21世紀枠の県推薦校に選ばれた平﨑直樹監督が指導する広は、2014年秋のベスト4進出以降、8強を騒がせる存在になった。広島商OBで、社会人野球、米球界、四国アイランドリーグなど多彩な経験を持つ岡嵜雄介監督が率いる武田も面白い存在。私立の進学校で授業も多く、練習時間は限られているが、新たな取り組みでカバー。データを重視してフィジカルを鍛え、状態を把握しながら各選手が自身の練習メニューを決める。チームとしては試合の打席数を重視。成長に必要な年間打席数を掲げ、練習試合や紅白戦を行っている。甲子園に出場すれば話題を集めること間違いない。

2007年の創部後、グングンと力をつけて2017年の選抜に初出場した市呉や、2011年の選抜に初出場した総合技術、かつての高陽東など、広島には優れた指導者のもと、短期間で力をつけて甲子園に出る高校が定期的に現れる。広や武田が尾道を出し抜く、なんてこともあり得るか？

**春夏通算出場回数ベスト3**

| | | |
|---|---|---|
| 1位 | 広陵 | 46回 |
| 2位 | 広島商 | 43回 |
| 3位 | 呉港 | 11回 |

# 鳥取

24校

## 参加校全国最少地区の「大物」、鳥取中央育英がダントツ

以前は鳥取城北や米子北が典型的な悲願校だった鳥取県。残された「大物悲願校」が鳥取中央育英だ。かつての由良育英と赤碕が2003年に統合して開校した体育コースを持つ県立校。由良育英時代から県内では実力校と知られ、巨人〜阪神で活躍したアンダースロー投手・小林繁はOB。春は1970年を端緒に準優勝5度、秋は2010、2011年と2年連続優勝。特に2010年は中国大会4強となり選抜の補欠校となった。夏も2000、2001、2012年と3度決勝に進出するも、すべて敗退。「悲願歴」は長い。

次点は2010年代、安定して県上位に食い込んでくる米子西。過去、21世紀枠の県推薦校に5回、中国地区推薦校にも1回選出された実績がある。ある意味「21世紀枠の悲願校」という珍しい存在かも？

春夏通算出場回数ベスト3

| | | |
|---|---|---|
| 1位 | 鳥取西 | 27回 |
| 2位 | 米子東 | 21回 |
| 3位 | 倉吉北<br>境 | 10回 |

## 島根

39校

# 地味ながらも数は揃う。一番手は島根中央か

島根は夏の選手権参加校が少ないほうの県だが、悲願校については意外とバラエティに富んでいる。

一番手として挙げたいのは島根中央。2007年、川本と邑智という2つの県立校が統合して開校した山間部の県立校だ。長年の実績はそれほどではないのだが、過疎化が進む地域の期待を背負った存在である（P118）。最高成績は、2015年春の準優勝。直近でも2018年の夏と秋はともにベスト8。じゅうぶん甲子園を狙える位置にいる。

実績でいけば大東も悲願校的存在。夏は2014年にベスト4、2015年は準優勝。春は2014、2016年と準優勝。秋も2005年、2013年に3位となっている。近年の好成績は、2011年に就任した嶽野正樹監督の力が大きい。嶽野監督は、2003年に母校の隠岐を率いて21世紀枠で選抜に出場した

甲子園経験監督。大東はもともと野球が盛んな地域だったが（ちなみに開星の元監督・野々村直通氏もOB）、嶽野監督の存在で有力選手が地元に残る傾向も出てきた。地域の応援も熱いだけに甲子園出場となったら盛り上がりそうだ。

また、甲子園でも活躍、ヤクルトなどに在籍した元プロの投手、野中徹博監督が新たに就任した私立、出雲西も、近年、実力アップが感じられる高校。2016年秋には県3位で中国大会に出場して、岡山の関西と接戦を演じた。選手育成に定評があり、グーンと伸びる選手が出てくるのが特徴だったが、野中監督の指導でチームがどう変わるか気になるところ。

老舗系悲願校、という視点では安来の名も挙がる。1959年春に県を制し、夏も一県一代表制となる以前の1961年と1970年に島根を勝ち抜くも、西中国大会で敗戦。甲子園一歩手前で涙をのんだ。その後も、一定の実力をキープし続けて、2010年秋、2014年夏はともにベスト4進出。プロにも山本一徳（元・ロッテほか）を送り出している。派手さはないが、長年の健闘に敬意を評して悲願校の一角として挙げておきたい。

**春夏通算出場回数ベスト3**

| | | |
|---|---|---|
| 1位 | 浜田 | 15回 |
| 2位 | 開星 | 13回 |
| 3位 | 石見智翠館<br>大社<br>松江商 | 10回 |

# 山口

60校

## 群雄割拠の「戦国」山口で、名将が狙う甲子園初出場

群雄割拠、全国有数の「戦国」地区・山口。有力校の多くに甲子園経験があるため、悲願校探しはなかなか難儀する地区である。その中であえて名を挙げるならば熊毛南。本格的に県上位を賑わすようになったのは２０００年代以降。２００３年秋に優勝すると、21世紀枠の県推薦校にも選ばれたが不祥事で推薦取り消し。勢いが削がれるかとも思われたが、その後、甲子園経験のある大浪定之監督が就任。２００９年秋、２０１６年秋と準優勝。夏も、２０１４年には初の決勝進出を果たした。ちなみに２０１７年には3度目の21世紀枠の県推薦校に選ばれている。打撃フォームの動作解析や、選手の各種データも重視するなど意欲的な取り組みの成果は出るか。

そのほか、私立では２０１６年夏にベスト4、２０１８年秋に準優勝と躍進続く聖光が今後の注目株だ。

春夏通算出場回数ベスト3

| | | |
|---|---|---|
| 1位 | 下関商 | 23回 |
| 2位 | 宇部商 | 19回 |
| 3位 | 岩国 | 12回 |

# 香川

38校

## 有力「悲願校」が消滅した地区 大手前高松が新たに定着するか

香川は長く悲願校だった寒川の「卒業」後、土庄を悲願校に据えていた。小豆島の高校でたびたび県上位に進出する島の希望的存在。つまり、地域性を重視したのだ。だが、「小豆島から初の甲子園」は小豆島高が達成。さらに土庄と小豆島高は統合して現在は小豆島中央に。悲願校が消滅する珍しいケースとなった。

現在は古株の観音寺一と、新鋭の大手前高松が悲願校の候補。観音寺一は1950年代から春に活躍してきた歴史はあるものの、甲子園へとつながる秋や夏になると実績が落ち気味。一方、大手前高松は、長く硬式野球部が休部状態だったが、2010年、軟式野球部が移行する形で復活。以降、2014年夏には準優勝。2016、2017年にもベスト4に入り、春も2016、2018年に優勝。現在の力とインパクトで大手前高松がややリードか。

春夏通算出場回数ベスト3

| | | |
|---|---|---|
| 1位 | 高松商 | 45回 |
| 2位 | 尽誠学園 | 17回 |
| 3位 | 坂出商 | 15回 |

## 徳島

32校

# 甲子園出場は公立校のみ！「私学初」を狙う生光学園

私立優勢の時代になって久しい甲子園と高校球界。だが、徳島はそんな流れを無視するかのような記録を持っている。それは全国で唯一、私立校の甲子園出場がない県という記録だ。そもそも野球部のある私立校が1校のみなので、記録が生まれやすい背景はある。ただ、その唯一の私立である生光学園は、長く野球に力を入れ、実績も多大。バリバリの悲願校といえよう（P042）。

もし、生光学園が甲子園の悲願を成就したら、次の候補は阿南市に位置する伝統的進学校・富岡西と考えていた。1980年代からたびたび県上位に進出。春に強いのが特徴で、1991、1992、2008年と優勝3度。夏の弱さが課題だったが、2019年、21世紀枠で選抜出場予定。となると、似たような伝統的進学校・城東が、次なる悲願校候補だろうか。

春夏通算出場回数ベスト3

| | | |
|---|---|---|
| 1位 | 徳島商 | 42回 |
| 2位 | 鳴門 | 20回 |
| 3位 | 池田 | 17回 |

愛媛

60校

# あえて名を挙げるなら東温だが、聖カタリナ、北条が追う

全国でも有数の悲願校不在県。それが愛媛である。少し前まで松山聖陵という強力な悲願校がいた。1990年代から野球に力を入れていたが甲子園には手が届かず。ついに聖地へとコマを進めたのが2016年夏だった。

現在、あえて悲願校を挙げるなら東温だろうか。もともと散発的に県上位へ食い込んでいたが、2010年代からベスト4にも顔を出すように。特に夏は2011、2014、2016年と立て続けに4強入り。うち2014年は安樂智大(楽天)がエースだった済美を倒したことでも話題になった。この勢いが続けば文句なしの悲願校となる可能性は高い。

そのほか、2016年に共学化、野球部強化も始めた聖カタリナや、松山商の監督として全国制覇も経験した澤田勝彦監督が率いる北条も、悲願校になり得る存在といえよう。

春夏通算出場回数ベスト3

| | | |
|---|---|---|
| 1位 | 松山商 | 42回 |
| 2位 | 今治西 | 27回 |
| 3位 | 宇和島東<br>西条 | 12回 |

# 高知

## 28校

## 健闘続ける公立校・岡豊と新興私学・高知中央の争い

高知の甲子園常連校にとって「イヤな存在」なのが県立の岡豊《おこう》。特に明徳義塾とは夏の対戦が多く、同校が全国制覇を達成した2002年夏も県大会で激突。岡豊が同点の9回裏、無死満塁のチャンスをつかむも無得点で惜しくも延長で敗れた一戦は、のちに「日本一の高校をもっとも苦しめた」と話題になった。

岡豊に続くのは、私立の高知中央。1980年代も上位進出はあったが、本格的に有力校となったのはスポーツの強化に乗り出した2000年代以降。現在では県の上位常連として認知され、プロ野球選手も送り出している。

公立で気になるのは高知東。1980年代から散発的に県大会で上位進出、県の21世紀枠推薦校に3回も選ばれている。また、2017年夏に準優勝、「野球で街おこし」として話題になった梼原《ゆすはら》も有力な悲願校候補である。

春夏通算出場回数ベスト3

| | | |
|---|---|---|
| 1位 | 高知商<br>明徳義塾 | 37回 |
| 3位 | 高知 | 31回 |

福岡

136校

# 「大物」と「期待」が「ダブル卒業」。消去法でいけば祐誠だが

2018年は、福岡の悲願校事情が大きく動いた。もう30年ほど健闘を続けていた沖学園が南福岡大会を勝ち抜き、ついに甲子園に初出場を決めたのである。さらに、今後の悲願校候補と思っていた折尾愛真も、北福岡大会を突破。第100回記念大会で2校出場となった福岡は悲願校的にも記憶に残る年となった。

沖学園は、久保裕也（元・楽天ほか）や篠原貴行（元・ダイエーほか）など好投手を輩出。1991、2007、2008年と夏の準優勝3度。3度目ならぬ4度目の正直で夏の決勝戦でついに栄光をつかんだ。ずっと福岡を代表する悲願校ではあったが、2010年代に入って上位進出ペースが落ち、「もしやこのまま低迷か……」と心配していた矢先の甲子園出場だった。

折尾愛真は折尾女子学園という女子校が2002年に共学化して野球部が誕生。少しずつ上位進出するようになり、2016年のドラフト会議では、OBの小野

泰己が阪神から2位指名を受けるなど好選手を育成。近い将来の甲子園出場を期待されていたが、一気に壁を突破した。

有力悲願校が卒業したばかりの現在の福岡。悲願校探しは難しい。あえて言うなら、消去法的ではあるが、祐誠が悲願校一番手となるだろうか。2005年に久留米工大付から改称。佐久本昌広（元・横浜ほか）、坂田将人（元・ソフトバンク）、若松駿太（元・中日）などコンスタントにプロ野球選手を輩出。1995年春には南部地区準優勝、2005年選抜には県3位で21世紀枠の県推薦校に選出。2010年春はベスト4、地元開催枠で進んだ九州大会でもベスト4に入った。ただ、夏となると、8強入りは多いものの、それ以上となると、この20年では2007年のベスト4が目立つのみ。もう少し夏のインパクトがほしいところだ。

「地域性」に目を向けると、まだ甲子園出場校がない直方市、宮若市、鞍手町、小竹町からなる直鞍地区にも期待がかかる。ただ、かつてプロ野球選手も生んだ直方東（旧・直方学園）は廃校、直方や鞍手は、時々上位に顔を出すくらいで、悲願校と呼ぶには苦しいのが現状である。

**春夏通算出場回数ベスト3**

| | | |
|---|---|---|
| 1位 | 小倉 | 22回 |
| 2位 | 小倉工 | 17回 |
| 3位 | 柳川 | 16回 |

# 佐賀

40校

## 全国屈指の悲願校不在地区。期待料込みで神埼清明か

佐賀は今のところ全国でもっとも悲願校を選ぶのが難しい地区である。一時は厳木《きゅうらぎ》が悲願校になりつつあるか、と思われたが現在は低迷。もうひとつの悲願校候補だった早稲田佐賀は2017年夏に早くも甲子園に出場した。

歴史を振り返れば唐津東はアリだ。1950年代から1960年代に県大会優勝を経験し、夏は1935、1963年に準優勝。時を経た1998年にも準優勝を記録している。ただ、2010年以降の成績が少しさびしい。

となると、期待料込みで一番手は神埼清明か。現在は佐賀商を率いている森田剛史監督が2010年に就任して以来実力アップ。以降、春夏秋の県大会で8強以上は9度。秋は2012、2015年と準優勝である。現在、チームを指導する竹内文人監督が強さを維持できれば、悲願校、そして甲子園が見えてくる。

春夏通算出場回数ベスト3

| | | |
|---|---|---|
| 1位 | 佐賀商 | 22回 |
| 2位 | 唐津商<br>佐賀西 | 7回 |

## 長崎

57校

# 公立の実業系高校が争いの中心。離島勢に気になる存在が

長崎の悲願校は公立の実業高校による争いが面白い。

まずは島原農。2010年代に入ると上位進出が目立つようになり、2014年春には優勝、九州大会でも4強入りした。その後も8強には顔を出し、2016年秋もベスト4。2018年夏の甲子園では金足農がフィーバーを巻き起こしたが、同じ農業高校として甲子園出場を期待したい。

近年の成績の安定感や勢いという点では、島原農以上の存在といえるのが大村工。「ホームランを打てない選手は起用しない」と公言する高比良俊作監督の指導のもと、超攻撃的野球を展開。春は2010、2011年と準優勝、2016年には優勝して堂々の夏の優勝候補となり、前評判通りに同年夏も決勝進出。しかし、長崎商に0対1で敗れ初の甲子園とはならなかった。じつは大村工、秋春の県大会では1970年代と1980年代にも4強以上の実績がある。

**春夏通算出場回数ベスト3**

| | | |
|---|---|---|
| 1位 | 海星 | 22回 |
| 2位 | 長崎日大 | 11回 |
| 3位 | 長崎商 | 9回 |

この2校のどちらが抜け出すか、今後も注目だ。

私立では古株……というか、創部は明治時代までさかのぼる鎮西学院もときおり上位に進出してくる。秋は1962年に準優勝、春は2007年に準優勝、そして夏は1941年に準優勝したのち、2008年、超久々に決勝までコマを進めたが清峰に3対5で敗戦。その後は序盤敗退が目立つものの、2018年は夏秋に8強と復調の兆しはある。そのほか、長崎総大付や九州文化学園など私立の新興校も、新たな悲願校候補だが、現状、やや足踏みといえる状態だ。

触れておきたいのは離島勢。直近は目立つ成績がないものの、1970年代から1980年代にかけては壱岐、五島、上五島が夏に決勝進出。また、本土に隣接した島の高校ではあるが、大崎も、1960年代に甲子園寸前まで勝ち進んだ歴史がある。そして、その大崎に2018年、清峰の部長として2009年の選抜で優勝、のちに佐世保実の監督としても甲子園に出場した清水央彦監督が就任。投手育成に定評のある清水監督がどんな選手を育て、チームを作り上げるのか。そして、島からの甲子園という「悲願」に近づけるか注目である。

## 大分

45校

# 「たんたんと上位に」の大分雄城台。追うのは日本文理大付か

下馬評では高く評価されない年であっても、気がつけば県大会8強あたりにならず、にげなく残っている大分雄城台が悲願校一番手（P110）。

そのほか、目立つところに、現在は低調だが、かつての国東の勢いは忘れがたい。夏は1983、2004年と準優勝。秋は1982年に優勝、春も1994年に優勝、1999、2001年は準優勝と、1980年代から2000年代初頭まで県上位校であり続けた。吉田豊彦（元・ダイエーほか）、弓長起浩（元・阪神）、吉武真太郎（元・巨人ほか）、萱島大介（元・阪神）とプロ野球選手も輩出。歴史ある公立校だけに甲子園に出場すれば盛り上がること確実ではあるのだが……。

私立では、八重山商工を甲子園に導いた伊志嶺吉盛監督を2016年に招聘、初の甲子園を狙う日本文理大付の戦いが気になる。

春夏通算出場回数ベスト3

| | | |
|---|---|---|
| 1位 | 大分商 | 20回 |
| 2位 | 津久見 | 18回 |
| 3位 | 柳ヶ浦 | 10回 |

熊本

61校

# 千原台に待ったをかけるか。新興・熊本北と復調・熊本国府

長きにわたり熊本の悲願校だった専大玉名が、2011年夏に甲子園初出場。現在は千原台がトップ悲願校だ。元の校名は熊本市商。2000年に現在の校名となった。余談だが、その当時は文徳（旧・熊本工大高）、必由館（旧・熊本市立）、秀岳館（旧・八代一）、開新（旧・熊本第一工）など県内の高校に校名変更が相次ぎ、判別に苦労したものである。

話を戻すと、千原台は熊本市商時代から健闘を続け、1994年夏には準優勝。春は1999、2000、2011年と3度、優勝しており、秋も1997、1998、2004年とベスト4。創部から約35年でこの成績は、じゅうぶん悲願校に値する。チームを率いるのは松岡順一監督。熊本工出身で現役時代は甲子園も経験。ピッチャー出身だけに好投手育成に手腕を発揮。中学時代に控えだった選手が伸びるケースも少なくないなど、その指導力は高く評価されている。

春夏通算出場回数ベスト3

| | | |
|---|---|---|
| 1位 | 熊本工 | 41回 |
| 2位 | 九州学院 | 14回 |
| 3位 | 済々黌 | 11回 |

近年は1982年創立と、比較的歴史の新しい公立普通校である熊本北の健闘も光る。2010年頃からベスト8に顔を出すようになり、2012年秋にはベスト4、2014年夏もベスト4に進出した。以降は勢いが落ちてはいるが次代の有力公立校としてチェックしておきたい。公立勢は社会人野球・三菱自動車水島で指揮をとった経験もある渡邊和雄監督の指導のもと、急激に力をつけている菊池や「もうひとつのクマコウ」ともいえる球磨工も上位進出が増加傾向。

逆に2001年に九州女学院が共学化して野球部もスタートしたルーテル学院は、当時、他県の「元女子校」の活躍もあって、同じような期待がされ、実際、県上位まで勝ち進んだこともあったが、近年はやや低調な成績だ。

同じく2000年代に入ってから力をつけてきた熊本国府も、2015年以降、成績が下降気味だったが2018年は春ベスト4、夏ベスト8、秋は優勝と復調の兆しが見えてきた。もともと2008年春は優勝、秋はベスト4、2009年夏ベスト4、2010年秋3位、2011年春準優勝、2015年春優勝と実績はじゅうぶん。千原台との「次の甲子園初出場」争いに注目したい。

## 宮崎

50校

# 今イチ波に乗れない宮崎学園。安定度では都城東が上だが

悲願校になるかな、と期待させつつ勢いに乗りきれない。宮崎の悲願校候補はそんな印象だ。たとえば現状、悲願校一番手といえる宮崎学園は、2003年に宮崎女子が共学化、スピード甲子園出場の匂いもしたが、足踏みが続く。

宮崎学園の出現前は、宮崎第一がそんな存在だった。秋は1989、1995、2000年にベスト4、春は2000年に準優勝、夏も1998年に準優勝と、まさに悲願校らしい実績だったが、その後に失速。ただ、2010年夏には久しぶりに準優勝。2018年秋はベスト4とけっして弱体化したわけではない。また、「気がつけばベスト8」的高校である都城東は2005年以降、各種県大会でベスト4が5回、ベスト8は7回。特に目立つ選手がいなくても上位に絡んでくる。その安定感は前述の2校より上かもしれない。

**春夏通算出場回数ベスト3**

| | | |
|---|---|---|
| 1位 | 日南学園 | 14回 |
| 2位 | 高鍋<br>延岡学園 | 10回 |

## 鹿児島

77校

# 忘れられない悲願校も
# 聖地を狙う有力悲願校もワンサカ

全国有数の「悲願校大国」。それが鹿児島だ。歴史的に甲子園出場を、鹿児島実、樟南、鹿児島商のいわゆる「御三家」が占めていた時代が長く、鹿児島商が衰退してからは、入れ替わるように神村学園が台頭。そんな勢力図が、多くの悲願校を生んできた。

まず長く悲願校の座にあったのが鹿屋中央。鹿児島市のある薩摩地方に対して、長く甲子園出場校が不在だった大隅地方の雄。県上位に幾度となく進むも、どうしても御三家の壁を越えることができなかったが、2014年夏についに悲願成就。甲子園でも1勝を挙げた。

ただ、じつは「大隅地方から初の甲子園」という栄誉は前年の選抜で尚志館が達成済み。尚志館も県内ではそれなりに実績はあった高校なので致し方ないが、鹿屋中央が若干、気の毒でもあった。

こうして「ビッグ悲願校」が卒業した近年の鹿児島だが、それでも全国有数の悲願校がいる。「ハンパない」大迫勇也を輩出したサッカー部が有名な鹿児島城西だ。野球でも細山田武史（元・横浜ほか／現・トヨタ）や中原大樹（元・ソフトバンク）を輩出するなど県内では強豪で、上位進出も多数。悲願校ランキング（P133）では全国第2位の実績である。

さらに、この鹿児島城西にも勝るとも劣らない悲願度ぶりなのが川内。木佐貫洋（元・巨人ほか）を送り出したことでも知られる伝統的公立校で、地域とOBの声援も熱い。特に、木佐貫がいた1998年夏は、彼のほかにも好選手が揃い、初の甲子園をつかむ最大のチャンスといわれたが、決勝で杉内俊哉がエースの鹿児島実の前に力尽きる。もし、ほかの年だったら……と多くのファンが感じた名勝負であった。ただ、その後も、県内有力校の一角を担い、2005年以降も、夏は2006、2012、2016年とベスト4。秋は2008年に準優勝を記録している。甲子園出場となれば盛り上がること間違いなし、21世紀枠での出場も見込まれる。

そして、ここで終わらないのが鹿児島のすごさ。2校のあとには鹿児島南が続く。伝統的に夏に強く、1993、1995年と準優勝。近年も2009、2010、2018年とベスト4。秋春も上位進出はあり、2002年春には準優勝を記録している。学校自体は一般的な公立校だけに、長きにわたり一定の勝ち上がりができる実力をキープしているのは不思議といえば不思議でもある。

と、強力な悲願校がひしめく鹿児島。それだけに、他の地区ならじゅうぶん、悲願校、あるいは悲願校候補に入りそうな高校も霞んでしまいがちだが、実力自体は秘めている。

たとえば2018年秋もベスト4、県大会優勝経験もある鹿児島情報は、甲子園出場に値する実力を秘めているという評価が定着。また2014年の選抜に21世紀枠で出場した大島のように離島勢も力があり、高い割合で喜界や種子島といった離島勢のどこかが、大会ごとに上位に食い込んでくる。

これだけの高校が初の甲子園を狙っているわけだが、それは裏返すと、鹿児島実、樟南、過去の鹿児島商、現在の神村学園などが、こうしたチャレンジャーを何度も跳ね返してきているということ。あらためてその力を思い知らされる。

**春夏通算出場回数ベスト3**

| | | |
|---|---|---|
| 1位 | 鹿児島実 | 28回 |
| 2位 | 樟南 | 26回 |
| 3位 | 鹿児島商 | 25回 |

沖縄

65校

# 島の期待を背負う宮古を、未来沖縄が不気味に追う

興南と沖縄尚学の私立2強に加えて、優れた指導者が監督に就任した公立が優勝に絡む。2000年代、沖縄水産1強時代の終わった沖縄は、戦国化と選手分散化が進んだ時代であった。それは初出場の公立校が次々と現れる時代でもあり、ゆえに成績的にド本命の悲願校は挙げにくい。そこで地域性に目を移すと宮古の名前が挙がる。沖縄の離島初の甲子園を八重山商工が叶えた今、宮古島を代表する高校として一度は甲子園の土を踏んでほしい（P058）。ただ、石垣島勢も、八重山商工が悲願を達成したものの、健闘期間でいけば八重山のほうが古株。こちらも甲子園を経験させてあげたい。気になるのは、未来沖縄。2015年の創部後、2018年春には県制覇。九州大会4強まで勝ち進んだ。スピード出世で甲子園出場するか、それとも悲願校化するか、今後に注目である。

春夏通算出場回数ベスト3

| | | |
|---|---|---|
| 1位 | 興南 | 16回 |
| 2位 | 沖縄尚学 | 13回 |
| 3位 | 沖縄水産 | 12回 |

おわりに

# 多くの人間は敗者。だからこそ共感できる

若い頃から勝者や人気者よりも、その「陰」の存在に心をひかれた性分の私にとって、「悲願校」が気になったのは当然の流れだったのかもしれない。

私自身も敗北を感じることが多い人生だった。ゆえに甲子園に挑みつつも、惜しいところで何度も壁に跳ね返される悲願校に共感を覚え、めげずに挑み続ける姿に知らず知らずのうちに励まされていたのだろう。そんな悲願校が甲子園をつかんだときの喜びは格別であった。

人生で勝ち続ける人間はほんのひと握り。多くの人間は敗者である。だから悲願校には多くの人が共感できる部分があると思う。本書によって身近な悲願校とその野球、物語を知ってもらい、そこで生まれた共感が、挑戦を続ける悲願校の声援につながれば著者としてこれほどうれしいことはない。

ずっと悲願校に注目し、ウォッチをしてきた私にとって、このテーマの書籍を出

せるのはこの上ない喜びであると同時に信じられないことでもあった。もちろん、私自身は悲願校の魅力や注目する意義はあると感じてはいたが、客観的に見ればマニアックな題材であることも自覚していた。なにせ、甲子園で活躍する有名校やスター選手の話はほぼないのだから。現在の出版界の状況や世の中の嗜好を考えると、このような本が出せるとは思わなかったというのが正直な気持ちである。

悲願校という視点に興味を持って頂き雑誌企画を実現に導いてくれた『野球太郎』編集部のみなさん、そして当時の担当だった菊地高弘さん、連載にずっと注目し、プロデュース&編集をして頂いた著述家・編集者の石黒謙吾さん、本書の出版を快諾してくれたKADOKAWAの磯俊宏さん、本当にありがとうございました。

そして、私にこうした野球の見方の楽しさを教えてくれた、全力で甲子園を目指しつつも、夢叶わず敗れていったすべてのチームの選手たちの健闘を讃え、感謝の言葉を贈るとともに、今も初の甲子園を目指している、すべての悲願校にエールを送ります。

甲子園で会おう！

## 「悲願校研究」の歴史は『野球太郎』とともに

私が初めて「悲願校」の記事を書き、「悲願校マップ」を作成したのが、野球専門誌『野球太郎』(旧誌名が『野球小僧』)の高校野球を特集した別冊『高校野球小僧2008夏号』だ。その後、毎年、夏の甲子園の前になると、必ず「悲願校企画」を執筆する機会を頂き続けて、2019年夏で12年目となる。

2012年秋には『野球小僧』から『野球太郎』と雑誌名(と発行元)こそ変わったが、スタッフも内容も変わりなく、一貫してマニアックな視線を失わず「プロ観戦者がうなる野球の見方」が滲み出る誌面作りを続けている。その気概があるからこそ、「悲願校マップ」を毎年更新する私の企画は育ててもらってきた。

『野球太郎』には、私以外にも、いや私以上に、高校野球を含めた野球というスポーツと、その文化に精通した書き手による野球愛あふれる記事や、アマチュアからプロまで、多くの野球人たちの生き様が、これでもかと掲載されている。

本書を手に取った高校野球ファンには、ぜひ、注目・購読して頂きたいメディアだ。ファンに対する情報として、巻末で強くオススメしておく。

**田澤健一郎** たざわ・けんいちろう

1975年生まれ、山形県出身。
高校時代は山形の強豪校、鶴岡東（当時は鶴商学園）で、
ブルペン捕手と三塁コーチャーを務める。
大学卒業後、出版社勤務を経てフリーランスの編集者・ライター に。
野球などのスポーツ、住宅、歴史などのジャンルを中心に活動中。
マニアックな切り口の企画を得意としている。
共著に『永遠の一球 〜甲子園優勝投手のその後』（河出書房新社）など。

**参考文献**

『野球太郎SPECIAL EDITION　全国高校野球大図鑑 2018』（廣済堂出版）
『野球小僧8月号増刊　高校野球小僧2007夏の甲子園特別号』（白夜書房）
『野球小僧8月号増刊　高校野球小僧2008夏号』（白夜書房）
『高校野球 神奈川を戦う監督たち』（大利実／日刊スポーツ出版社）
『高校野球 神奈川を戦う監督たち2 神奈川の覇権を奪え！』（大利実／日刊スポーツ出版社）
『甲子園強豪野球部最強エース育成ノート』（オークラ出版）
『甲子園名門野球部の練習法』（宝島社）
『甲子園の鼓動』（鈴木洋史 他／竹書房）
『甲辞園』（ベースボール・マガジン社編／ベースボール・マガジン社）
『進学校、公立校でも勝てる！甲子園強豪野球部の倒し方』（オークラ出版）
『報知高校野球』1993年7月号（報知新聞社）
『報知高校野球』1998年1月号（報知新聞社）

**協力**

寺下友徳
加来慶祐
大利 実
井上幸太

文　　　田澤健一郎
プロデュース・編集　石黒謙吾
装　丁　寄藤文平＋吉田考宏（文平銀座）
編　集　磯 俊宏（KADOKAWA）
校　正　㈱アドリブ
ＤＴＰ　㈱ユニオンワークス
制　作　㈲ブルー・オレンジ・スタジアム
協　力　『野球太郎』（ナックルボールスタジアム）

あと一歩《いっぽ》！逃《のが》し続《つづ》けた甲子園《こうしえん》
47都道府県《とどうふけん》の悲願校《ひがんこう》・涙《なみだ》の物語《ものがたり》

2019年4月19日　初版発行

著　者　田澤健一郎《たざわけんいちろう》
発行者　川金正法
発　行　株式会社KADOKAWA
〒102-8177　東京都千代田区富士見2-13-3
電話0570-002-301（ナビダイヤル）
印刷所　大日本印刷株式会社





KADOKAWAカスタマーサポート
［電話］0570-002-301（土日祝日を除く11時～13時、14時～17時）
［WEB］https://www.kadokawa.co.jp/（「お問い合わせ」へお進みください）
※製造不良品につきましては上記窓口にて承ります。
※記述・収録内容を超えるご質問にはお答えできない場合があります。
※サポートは日本国内に限らせていただきます。

定価はカバーに表示してあります。



ISBN 978-4-04-604290-3 C0076